U0638439

亚布力
企业思想家系列丛书
Business Thinkers Series

特别鸣谢 其丰王 对本书的鼎力支持

企业家与思想力

中国企业家论坛◎编著

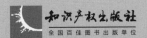
知识产权出版社
全国百佳图书出版单位

图书在版编目（CIP）数据

企业家与思想力/中国企业家论坛编著. —北京：知识产权出版社，2015.1
ISBN 978 - 7 - 5130 - 3203 - 2

Ⅰ. ①企⋯　Ⅱ. ①中⋯　Ⅲ. ①企业管理 - 研究 - 中国　Ⅳ. ①F279.23

中国版本图书馆 CIP 数据核字（2014）第 280451 号

内容提要

所谓思想力，即指用思想改变客观世界的能力。对企业来说，它是内化的一种素质和能力，已经渗透进企业的战略制定、管理运营、市场营销、人才运用、文化理念及未来发展等方方面面。而无数实践也证明，企业发展的背后是思想的作用，更是思想力的作用。作为企业的领导者，企业家思想力的强弱关乎整个企业的生存与发展。有思想的企业家会审时度势、超越自我，并在动态的思维中，寻找着阻力最小的路径，一步一步走向成功。

亚布力论坛是中国企业家思想的记录者，也是一部中国企业家思想的活字典。回眸这 15 年来企业家们在亚布力论坛上关注的焦点，我们可以清晰地看到中国企业在这 15 年里的思想历程。从中，我们既可以看到过去 15 年中国商业发展的思想脉络，也可以看出中国社会和国家发展的思想脉络。把这些思想的火花摘录于此，我们依然能听到彼时、彼地思想碰撞的铿锵之声。

责任编辑：蔡　虹　　　　**执行编辑：陈晶晶**　　　　**责任出版：刘译文**

企业家与思想力

中国企业家论坛　编著

出版发行：知识产权出版社有限责任公司	网　址：http://www.ipph.cn		
社　址：北京市海淀区马甸南村 1 号	邮　编：100088		
责编电话：010 - 82000860 转 8391	责编邮箱：shiny-chjj@163.com		
发行电话：010 - 82000860 转 8101/8102	发行传真：010 - 82000893/82005070/82000270		
印　刷：北京科信印刷有限公司	经　销：各大网上书店、新华书店及相关专业书店		
开　本：720mm×1000mm　1/16	印　张：11.25		
版　次：2015 年 1 月第 1 版	定　价：35.00 元		
字　数：171 千字			
ISBN 978 - 7 -5130 -3203 -2	印　次：2015 年 1 月第 1 次印刷		

出版权专有　侵权必究

如有印装质量问题，本社负责调换。

序

　　2014 年 8 月 24 日，亚布力中国企业家论坛（以下简称亚布力论坛）夏季高峰会在河南郑州落下帷幕。600 多位知名企业家、经济学者和政府官员云集郑州，纵论中国经济"可持续增长的动力"。我作为轮值主席，有幸见证了这次盛会的圆满成功，也再次聆听到了各位的真知灼见。此时，受托为亚布力论坛成立 15 年来的企业家文集作序，翻阅文稿，我的思绪再次被带回到那围炉夜话、纵论天下的美好时光。

　　亚布力论坛是"中国企业家的思想交流平台，旨在帮助企业和企业家成为社会和国家的重要建设力量"。每届论坛都聚集了商界的各位风云人物，他们带着一颗诚挚之心，从五湖四海会集亚布力，把繁杂的工作搁置脑后，面对皑皑白雪，任思绪飞扬。在亚布力论坛这个开放的舞台上，他们最重要的贡献就是——思想，中国企业家的思想。他们试图通过思想推动中国企业的进步和强大，试图通过思想改变世界。拜读这 30 篇演讲稿，虽然风格迥异，观点纷呈，却始终围绕几个主题，如"责任与担当""变革与创新""企业家的能力"等。这些文章，每篇都闪烁着企业家思想的火花，每篇都体现了企业家的认真思考，每一篇都蕴藏着作者的一颗赤诚之心。

　　一个称职的企业家，最基本的素养就是责任和担当。中国工商银行姜建清董事长认为，"企业家已成为社会中影响力越来越大的一个中坚群体，应该主动在市场上发出自己的声音，引导市场预期，而不是成为沉默的大多数"。是的，这个时代需要声音，更需要企业家的声音，企业家要成为推动社会进步的积极力量，要以实际行动参与推动社会变革和文明进步。联想控股柳传志董事长认为，"虽然推动社会的和谐、发展是政府的责任，但是国家兴衰，匹夫有责,把自己做好,我们会成为中国改革开放的中流砥柱,在中国的发展时期留下扎扎实实的脚印"。他说:"我们每个企业都有一个明确的愿景,往哪个方向发展,企业家自己都有很高的需求,但在我们的肩上都有社会的义务和责任。"万科董事会主席王石先生则以创建中国城市发展商网络联盟、筹建阿拉善沙漠生物多样性保护协会以及担任亚布力论坛轮值主席的亲身经历在诉说,"在中国社会转型的关键时期,积极参与企业家群体的组织建设是理所应当的",是"企业家的自我更新和社会责任","能力有多大,责任就有多大"。面对环境污染,马云在题为"一场革命、一个危机、一种行动"的演讲中呼吁,"请高度重视这场真正的危机,而行动一定是每个人,而不是期待别人"。担当之情,溢于言表。

关于变革与创新,这也是许多企业家思考的话题。亚布力论坛名誉主席刘明康提出了"危机促使国内经济转型"的观点,他认为,"国际市场的需求发生了重大转变,这种结构上的转变所带来的压力可能会使我们以外促内,从而更加注重国内经济发展方式的转型"。万通冯仑董事长强调,"只有不断地推进组织制度变革,才能使公司保持在一个安全、协调的状态,同时使自己不断增强"。

对于企业家群体来说,企业家的能力是永恒的话题。柳传志董事长在演讲中认为,企业家的能力主要包括三点:第一是高理想,重精神、敢冒风险;第二是有很强的领导欲望,但又虚心好学;第三是能把聪明变成智慧。张维迎教授曾把企业家的能力归结为"承担责任的能力"。我认为企业家的素质主要包括三大方面:第一是思想素质,主要表现为价值观和责任感;第二是专业素质,主要表现为市场洞察能力和决策能力;第三是领导素质,主要表现为人格魅力和组织能力。其中,责任感是第一位的,作为企业家,首先要摆正自己的位置,要明确意识到自己对用户、对员工、对企业、对社会、对国家应担负的责任。企业虽是一个营利组织,但又必须有超越物质利益之外的追求,只有这样,才可能长久而持续地被经营下去。

今天,无论是国家的宏观经济还是企业的经营层面都正在发生着深刻变化,一方面,中国宏观经济开始转型和进行结构调整,从过去的高速增长和投资拉动,转向中速、低速增长和消费拉动;另一方面,中国企业面临宏观经济结构调整和互联网大潮的冲击，开始商业模式和管理的转型。这些变化，对企业家的能力也提出了新的挑战。面对挑战，企业家们只有进行变革创新，才可能突出重围。

在一个大变革时代，企业家们如何做好变革创新？我有三点建议：第一，观念转变是前提。观念的转变，说起来容易做起来往往很难。成功的企业家，都有很辉煌的事业，要自我颠覆，确实非常痛苦。但颠覆，已成为互联网经济的特征之一。第二，通过组织变革适应互联网时代。"零距离、全接触"的互联网根本改变了企业和用户之间的信息不对称，这要求企业的组织必须更加扁平化、小微化，更加灵活，充满柔性，而这又是每一家传统企业都面临的重大课题。第三，积极探索新商业模式，推动企业向互联网化转型，将互联网思维融入既有的业务积累和竞争优势当中，破茧化蝶、凤凰涅槃。

借此机会，我祝愿亚布力论坛能够汇聚更多企业家的思想，使论坛成为传播可持续发展理念、探索创新模式、催生世界级企业的广阔舞台。

是为序。

李东生

2014 年 8 月 28 日

目 录
CONTENTS

他们的群体认知

企业家应该有理想，有抱负，有能力　**柳传志**

转型期民营企业家的自我更新和社会责任　**王石**

中国企业家群体可以进行三代划分　**陈东升**

行动力与改革之根本——守本分、尽职责　**李东生**

一场革命、一个危机、一种行动　**马 云**

企业家是社会的公共产品　**任志强**

企业家应该有理想，有抱负，有能力

文 | **柳传志** 联想控股股份有限公司董事长

我们正处在历史转折的时代

当前，30 岁左右，创业成功后统管一个相当规模企业的企业家，在中国已经相当多了。2006 年时，年龄在 30 岁的人就是 1976 年左右出生的人，20 世纪 90 年代左右逐渐懂事，成就事业，建立起人生观。而 20 世纪 90 年代是一个什么时期呢？1990 年以后中国改革开放的大局就已经定了，道路也已经顺畅了。所以回顾自己创业的成功因素时，他们会很自然地觉得，是个人奋斗、努力的结果，是自己聪明才智的具体体现。在中国还有一些同我一个年龄段，或者是比我年轻一点的五六十岁的企业家，我们经历过中国

的苦难，亲身经历过"大跃进""三年自然灾难""文化大革命""反右"给我们带来的灾难，所以我们感觉自己很幸福，能在自己中年的时候赶上改革开放，赶上这个机会。因此我们回望中国经济发展趋势的时候，会很本能地去关注大局，去关注中国的政治、经济形势；也很本能地把自己的命运、企

业的命运和中国的命运联系在一起。今天参加亚布力论坛的有上百个企业，我想多数都是在中国范围或在某地区有很大影响的企业。大家可能在年龄段上有所不同，在企业的规模、行业运作方式上也有很大的不同，但是有一点我觉得是一样的：我们每个企业都有一个明确的愿景——企业往哪个方向发展；企业家自己都有很高的需求——我们肩上有哪些社会义务和责任。美国精英在陈述远大抱负时常常说为世界人谋幸福，为世界和平、为世界科技进步奋斗。而中国人不同，由于中国长期在世界上受苦难、受屈辱，现在从经济角度来讲，我们只被世界人民认为是二三流的国家。所以中国的精英首先想到的是中国自己的富强。记得20世纪60年代困难时期，我正在上高中，我和我同学都是长身体的阶段，但是常常被饿得头昏眼花，即便在这样的情况下，政府还号召我们每个月捐一斤粮票给世界上受苦、受难的人。现在听起来好笑，回味起来就是我们中国在实力不够之时还要争世界地位，这种境况真的很可笑、很可悲。因此我们中国的精英人群首先想到的应该是中国自己的富强，我觉得这不是狭隘的民族主义。中国目前处于什么状况呢？我们目前正处在历史转折点，所谓转折点就是我们回过头去看，鸦片战争后150年，中国人生活在痛苦、贫穷交织的日子里；自改革开放，中国开始走向兴盛、走向辉煌。回头看过去是痛苦，往前看可能是辉煌，连接前后两个时段的就是一个转折点的时代。这个时代可能在历史长河中的记载非常短暂，但是我们恰恰生活在这一瞬当中。

眼下总理的政府工作报告以及党和国家的很多领导人都明确地再三提出，中国要做一个创新型的国家。为什么拼命强调创新型呢？因为老路走不下去了，我们国家的资源确实支撑不了每年GDP（Gross Domestic Product，国内生产总值）按8%~10%的速度增长，环境也遭到很大的破坏，人口问题、老龄化的问题矛盾重重，因此这些事情就迫使我们不得不另辟蹊径，所以要创新，不然改革开放很难深化下去。此外，社会矛盾的激化不容忽视。改革开放以后，我想全中国最少有90%的人得到了实惠，生活有了大幅度的提高和改善，在先富起来的人群或者说更加富裕的人群里面有凭着智慧和劳动推动生产力发展的精英，但也有相当一部分用卑劣手段致富的败类。现在就有人把这两种人混为一谈，说中国的改革开放实际上是使少数人致富，使大多数人陷于贫富；进而说中国现在的土壤是历史上最坏的，是一个"人吃人"的社会。这就从根本上否定了改革开放，问题的严重性在于他们混淆了是非，这种谬论甚至在网上还得到了相当多数量人的支持。这样一来就使矛盾变得错综复杂，可以肯定地说，我们未来的路肯定不是坦途。

我应该属于那种非常努力地种好自己一亩三分地的企业工作者，我们真的只是看天下不下雨、刮不刮风的企业家吗，这到底和我"种地"有没有关系？关于这些问题，我想在座的企业家和我的想法是一样的。但是我们生活的这个时代确实是太不一般的时代，是属于转折点的时代。在这种情况下，我们企业家的群体不得不担负起转折点的责任，担负起社会责任。

我想我们最应该做的事情就是把自己的企业做好，给社会提供更好的产品和服务。另外，我们依法纳税，努力增加就业机会，扩大社会财富，同时我们要诚信经商，努力把中国打造成有信誉的商业社会。这是我们的本分，是我们应该做到的事情。除此之外，我们应尽力地多做一些慈善活动。尽管我们每个企业的力量很小，但是聚集在一起就成了很大的力量。在这方面西方的跨国企业做得非常好，他们从观念到具体的运作方式都比我们成熟得多。联想把参加公益活动列入战略规划，这十几年有相当大的投入，但是和国外比确实还差了一大截。最后，我觉得我们要注意自己的消费方式，要正确地对待和使用财富，要为社会稳定起好的作用。我们要努力地润泽社会空气，要为形成一个和谐社会做贡献。不然，空气太干燥了就容易着火，真的着火了企业就容易受到大的冲击，更何谈持续地发展？虽然推动社会和谐、发展是政府的责任，但是国家兴衰，匹夫有责。做好自己，我们就会成为中国改革开放的中流砥柱，在中国发展时期留下扎扎实实的脚印。

企业家应有的素质

我不知道是否因股东身份而有以下区分：股东管理者被称为企业家，非股东管理者被称为经理人。这种分法我觉得有不合适的地方，比如说张瑞敏、倪瑞峰或者我，我们现在都是股东了，但过去没有股份就不是企业家吗？我觉得这个分法不是很合适，我们都在为企业的根本利益负责。企业家如果把企业的根本利益、长远利益负责好了，他会享受极大的愉快，如若做不好他

会承担极大的风险。《聊斋》里有这样一个故事：有一个知名的中医，看病的水平很高，但是给他母亲看病的时候遇到了很大的挑战，因为有一种药是豁朗药，用得好不好关乎病能不能治好，他因此犹豫不决。另外一个中医就说他应该用，用完以后他母亲的病就好了。我们以第三方视角来判断一下，这个药用好了，第二个中医生名扬四海；用不好责任风险毕竟不是那么大，反正不是他妈。因此说到这儿，我觉得企业家就是把企业当作自己妈的人，既要敢下药，还要把药下对——这才是优秀的企业家。美国企业界发生的此类故事数不胜数，一个企业出毛病了就换 CEO（Chief Executive Officer，首席执行官），CEO 大刀阔斧——治好了，就是 IBM 的郭士纳；治不好，就是时代华纳的李文。所以最终结果就是治好病名扬千里，名利双收；治不好就不是"自己的妈"；只考虑碗里的饭，不琢磨锅里的饭；只考虑资源，不考虑怎么产生资源，不考虑对远景负责任。西方的大企业，诸如世界五百强企业都不是一代，而是真正的百年老店。它们要选负责任、有事业心、有企业家素质的人来担任领导，这样，企业才能一代代地传下去，而不是只对其任期负责。

有一本书叫做《基业长青》，统计的是 50 年以上的美国大企业，统计结果就是这些企业中 90% 以上的领导人都是从企业内部选拔的。那么，内部选拔和外部选拔有什么不同呢？

内部选拔的人可能对企业更有感情，更会产生负责任的心理。应该讲企业家和经理人之间没有截然的区别，很明显内部选拔比外来的更具有企业家色彩。说到这儿，我想再说一下，媒体 2005 年评"优秀企业家"时，杨元庆、郭为都未被列入企业家的行列，而我认为他们是企业家。为什么要拿出来说一说？因为这种分法对我们不利，我们希望把联想和神州数码办成百年老店，如果我们的员工以为是跟着经理人走，那么凝聚力会小得多，企业也未必能做到基业常青。如果联想和神州数码将来做成了规模企业，分析原因的时候，我觉得接班人由有事业心、有企业家素质的人担任是很重要的一个因素。这是需要专门下功夫的。我觉得从深远考虑他俩未入选并不妥当，所以我认为这个要说一说。

总之，以我们这种定义，企业家和经理人之间是没有截然区别的。比如说按有没有股份来分，那对股份占多少有没有要求？我占1%左右，到底是不是股东？这里有一个比例的问题。另外，我看过张维迎教授写的一篇关于企业家和经理人信任问题的文章，他将企业家定义为企业的创办人，而非创办者且只能是管理者。这一点我不同意，如果这样，那么GE公司的杰克·韦尔奇也只能是经理人，我觉得我的定义更符合实际一点。

下面我想谈的主要正题是形成企业家能力的要素是什么。

首先，企业家应该是有理想、有抱负的，只有理想层次高的才是企业家。这个曲线底下从根部往上走的那一块应该是很粗的，大多数企业的创建都是源于此，像我就是为了温饱，为了自身价值能够实现而创业的。全中国有二百多万个私营企业基本都是这样，达到温饱就横拐，有的达到温饱继续向上，越往上走越有追求——精神的追求吸引着真正的企业家，真正的企业家可能更加重视精神。比如说为社会的责任，甚至民族情结等，这些都会驱使你往高处走。因此，我认为大的企业家都是英雄主义者，他们的前行可能都是精神在起作用。但是往上走是代价、是风险、是付出，也可能由于机会或者能力的原因上不去就掉下来了，最后可能连低水平的层次都保不住，这完全不是危言耸听，这就是大多数人不肯向上的原因，所以很多人宁愿在大的企业担任经理人。所以企业家领导能力的第一要素是要有抱负、要有理想。

其次，是不是有理想、敢担风险的人都能成为优秀企业家？肯定不是这样，仅有愿望不行，还要有能力。什么能力？我简单地把所有能力合在一起，称为学习能力。学习能力表示什么？我做企业的时候刚从科学院出来，企业由小到大，业务上的事情全不懂——要学会怎么做采购，怎么做生产，怎做销售，怎么做市场，怎么做服务。先要把饭吃到嘴里，要把业务稳定下来，这本身肯定需要学习，这些稳定以后以为行了，其实后面的事又来了。有很多作家和记者写到，说企业到 5～10 年时会经历大的震动，这是一个规律，产生规律的原因是什么？比如说有的企业开发了这样和那样的产品，但是随着时代的发展，产品被淘汰了，但是企业家本身没有做好战略准备，没有为锅里的饭做准备，这时候就出事了，而因这个原因出事的企业不占少数。还有一种就是企业初办的时候培训了很多员工，这些员工逐渐熟悉了企业的业务，但是企业的薪酬待遇、经营方式没有改变，这些人就心生不满，大规模跳槽，就产生了震动。还有就是 IT、家电领域产品同质化严重，企业管理者没有能力不断降低成本，或者是不能使毛利润不断提高，这时候企业也会遇到大的震动，这些问题怎么处理？答案就是要不停地学习，不断地总结，然后要折腾、要改革、要创新、要行动，我把这些能力综合起来，统称为学习能力。

学习能力不容易在哪儿？企业家既要知道企业内部的情况，同时还要知道行业的情况，甚至要知道本国乃至世界的政治及经济情况。刚才我说变革时代的领导力不好讲，花 10～20 分钟也讲不明白，但是还要讲，且要开会总结，还要举例说如何对企业进行变动、调整创新、制定新的战略，这些都是学习能力。那么说到这里，什么样的人能成功，什么样的人学习能力强呢？我在这里总结了三条。

第一条是肯学习。就是肯向别人学习，就是敢于否定自己，向别人学习。但是企业家不喜欢向别人学习，因为企业家领导的欲望非常强，主宰欲、自尊心也非常强，在这种情况下能够认真否定自己、进行学习是很不容易的事情。企业家也要克服自己的面子，向真理靠近，虽然否定自己不是一件容易的事情。

第二条是会学习。会学习是指要抓住主要矛盾，理出头绪，善于归纳，每打一仗都知道赢在哪儿、败在哪儿，所以联想强调要"能干会说"，"说"本身不是表达能力有多强，实际上是能把各种边界条件都说出来，所以这是聪明变智慧。

第三条是有先天的能力。管理学家经常说优秀的企业家是先天的，他们老这么说，我们就得琢磨什么地方是先天的。我琢磨完了后觉得这也许有道理。

有的人有理想、重精神、敢冒风险；有的人不一样，愿意风平浪静；有的人更注重物质，这是先天的基因。有的人有很强的领导欲望、领导能力，主宰性很强，但是又虚心好学，这可能也跟先天有关。还有的人能把聪明变成智慧，记忆力很强，学习模仿能力很强，但是不是善于归纳，是不是能把常识变成规律就是智慧，这也与先天能力有关。

优秀的企业家素质不止这三条，但是这三条是必要的。我举一个联想变革突破的例子，也就是怎么从管理事到管理人。联想有管理两要素，就是如何建班子、带队伍。建班子、带队伍都是管理人，我首先讲讲建班子的意义。对于一个企业来讲，不管能力多强，建班子非常重要，主要原因有三点：第一是提高整个领导集体的威信。一个领导的能力、威信再高，一定不如一个班子领导者的威信高。一个人制定的决策，当着你的面很多人说很好，但是到外面就不一定很好，因为是你一个人制定的，不是一个班子制定的。第二是对一个班子领导要进行制约，这很重要。第三是群策群力——怎么把集体的力量用起来。如何实现群策群力？一个班子的一把手是一个大发动机，带动班子的成员；各部门的经理是小发动机，而不是齿轮。小发动机和齿轮的区别是什么？小发动机是自己有发动力，而齿轮没有发动力。要使班子里的成员成为小发动机，如果班子里的成员是齿轮，GE是肯定做不大的；齿轮在一定程度上能力是有限的，一定要让关键的部门领导人像发动机一样。怎么形成发动机呢？我觉得应从两个方面入手：第一个方面是物质激励，对高层领导要有股权的激励、二次分配的激励。这种激励会让人形成主人的感觉，这种感觉是不同的。第二个方面是精神激励。精神激励是什么？主要体现在给舞台。舞台的意思就是让副手、部门经理明白公司的整个大战局，让他们参与讨论、设计，不能说只有你心里明白，你分配他们干哪块哪块事，这样不行，应该让他们也清楚总战局；还要让你的部下清楚他所管理的这一块和大战局的关系，他有什么责任，有什么权力，做好怎么样，做不好怎么样，不但知道而且要参与设计，这个很重要。1994 年我们在香港上市的时候，我们是有认股权证的，当时和香港的合作伙伴是这么分配的——香港认股权证由他负责，国内由我负责，香港员工找他谈话，他想给多少就给多少，结果是什么，那些人就认为他是老板，他说了算，这对调动积极性没有好处，给别人再多也没有什么意义。而我给的时候讨论原则，到底我们股权应用来激励什么人，那些人起了什么作用，怎么激励，于是要求主要骨干参加讨论，原则定下来后，该保密的保密，不该保密的要通知到底，这样才可以。不是上面让你干什么你就干什么，弄不清楚为什么被奖，弄不清楚为什么被罚，如果把主人的感觉体现出来，激励就到位了。这个发动机一定是同步的发动机，如果不同步就会乱七八糟，还不如齿轮，同步是靠公司的规章制度。

建班子时有很多的具体内容——第一把手怎么制约；如何议事论事；班子里的成员有的要被清出来，怎么让他好好地出来，这都是有讲究的。我只讲一个——班子里的成员如果不合适怎么让他出来。

我想这个问题对在座的企业家都是难题。其实大家想想，我们从 1984 年由 11 个同事起家的小企业到今天，班子成员必然轮换了好几次，不然不可能发展到今天，因此轮换和淘汰是必然的。既然是必然的，如果班子的成员不能德才兼备，不具备所需的能力，要他干什么？但是班子里的成员掌握了很多的机密，参与了很多共同领导的东西，如果不能把"德"放在第一位，会产生无穷的问题，比如说拉帮结派，所以班子成员一定要把"德"放在第一位，这是第一点。

第二点很重要的——就是话要放在桌面上来说。当你觉得你的班子成员在某些地方做得不好的时候，要及时提出来，背后提或者是放在桌面上提都可以，屡次提出以后，发现能力确实不行，要放在公开场合提，最后要其退出时要把原因告诉他。由于你不断提醒他，他一再表示要改，由于能力问题改不了，还是发生了撤换，一般不会产生大的震动。1992 年我参加一个很大的公司"策划"总经理的会，部长到场来"策划"总经理，"策划"的方式是谈了一大堆这个总经理的好处，这也好那也好，但是由于工作这方面那方面的需要，要把总经理调往另外一个地方。会上领导人讲完话很沉闷，谁也不发言，会后总经理请吃饭，我亦有幸参加了。这个总经理喝醉了，说了很不好听的话，我当时非常奇怪，因为这个企业确实搞得一塌糊涂，为什么？因为从来没有人把话当着面说，都是哄着，实际上话要当面讲，我们联想都是有话当面讲，因此到今天从班子下来的人没有谁心生劣感。

第三点要有降落伞，而且要降得比较舒服。这一点大家去仔细琢磨吧。

关于如何让班子里不合适的人出来的问题我就提以上三点。

（来自 2006 年亚布力论坛年会）

转型期民营企业家的自我更新和社会责任

文｜王　石 万科企业股份有限公司董事会主席

哈佛大学中国基金主任科尔比教授在哈佛商学院开了中国企业案例系列课，把"亚布力论坛"（CEF）作为案例之一。受科尔比教授邀请，我在哈佛做了题为"中国民营企业家自我更新"的讲座，讲了中国民营企业家群体的三个NGO（Non-government Organization，非政府组织）故事。

故事一：1999 年，由万通冯仑、建业胡葆森、万科王石作为发起人，创建了中国城市发展商网络联盟（简称：中城联盟），我为首任轮值主席，一任两年。2002 年年初任期满，许多会员建议我继续连任，因为新创建的民间商会组织在中国还是新生事物，需要连续性和稳定性。我婉言拒绝，因为章程规定，轮值主席只任一期不能连任，新任主席由原任主席推荐，理事成员表决通过。第二任、第三任主席分别为冯仑和胡葆森。之后有了不成文的规矩，两年一期的新一任轮值主席由将卸任的主席和已卸任的前主席共同推举，但要理事大会至少一半以上的理事会员通过方能生效。既然是选举，至少两名候选人，但其中一名心知肚明，只是陪衬或称影子候选人。不言而喻，每次都是大佬们推举的候选人当选，持续了六届。表面上是民主选举，实际上是幕后的大佬们操作。主席选举持续了六届，到了 2012 年换届选举，推出新的候选人和影子候选人后，没想到半路杀出个程咬金，一位未经安排和推荐的理事突然宣布要参加竞选，并在选前进行拉票游说，选情突变，但被大佬们推荐的候选人仍信心满满。选举结果是最后参选的候选人获得了最多票数，当选了中城联盟第七届主席。意想不到的选举结果却令人高兴，因为中城联盟的民主建设上升了一大步，但这一大步走了整整12年。一个商会组织如此，更何况一个转型中的国家机器？中国的民主道路漫漫，企业家须从自己做起，任重道远。

故事二：2004年6月3日，刘晓光等67位来自中国内地，中国港、澳、台地区，新加坡的华人企业家聚集内蒙古阿拉善沙漠月亮湾，筹建阿拉善沙漠生物多样性保护协会（简称SEE）。当晚筹备会要通过协会章程并选举出常务理事会和正副会长。晚上8：30开会，预计花一个半小时。不同文化背景的企业家对章程草稿提出了不同的建议和修改方案，很难达成统一意见。刘晓光提议："是不是先原则上通过章程？如果章程不能通过，如何召开成立大会？""通过就是通过，不通过就是不通过，什么叫原则性通过？"搜狐创始人张朝阳质疑。来自中国内地的本土企业家很容易理解"原则性通过"的含义，赞成刘晓光的提议；但"海龟"和来自海外的企业家却不依不饶，坚决反对含含糊糊地"原则性通过"章程。主持会议的刘晓光懵了，会议陷入僵局。最后的解决方案是把不能统一的条款写到白板上，逐一表决通过或否定，待章程修改完成，时间已过了零点。接着，参会代表又对常务理事、正副理事长的候选名单提出质疑：谁定的候选名单？能不能自己报名参选？是等额还是差额？会议再次失控，大家七嘴八舌地决定重新推举候选人。会议持续到凌晨……

这一晚，刘晓光失眠了，一支接一支地抽烟，他从没想到辛辛苦苦发起的组织，最后的结果竟是这么轻易地被推翻、否定了，原有的公共生活方式遭到了挑战。但企业家们作为一个群体却在乱哄哄的意见中寻找到了共同语言——最基本的民主程序。正是这一晚的会议奠定了SEE今后的文化基因。经过9年的成长，阿拉善已成为公认的最具规范性管理的民间NGO，代表中国民间环保组织多次参加国际环保会议，亦成为国际上规模最大的沙漠生物多样性环保组织。其影响力已超过自身的环保行为，其遵循"罗伯特议事规程"的民主程序已经成为中国民间NGO的一个标杆。

故事三：自 2011 年到哈佛访学，我便决定集中精力进修，不再参加国内企业家的社会活动，但 2012 年 4 月，亚布力论坛邀请我做下一年的轮值主席时，我却应承了。为什么呢？改革开放以来，随着民营企业的个体成长，行业商会性质的组织也在成长，只是在政府的管理下，企业家 NGO 成长得较为缓慢，较具影响力的有亚布力论坛、中城联盟、阿拉善、欧美 2005 同学会、中国企业家俱乐部等，但就广泛性和作为企业家群体的号召力来说，都有局限性。2008 年汶川大地震，8 家企业家 NGO 曾以"拉着孩子的手"为题联手行动，帮助汶川灾后重建，行动有效率并较为成功，但之后的联手活动没有持续下去。作为跨行业的民营企业代言组织，上述 NGO 都有局限性：中城联盟是只局限于房地产产业；中国企业家俱乐部是一个封闭的、功成名就的小圈子；阿拉善局限于环保公益活动；2005 欧美同学会把没有留学背景的企业家拒之门外……较为开放的、有 10 余年历史并有条件来统领的是亚布力论坛，但其明显的局限性在于：比如过去 7 年的轮值主席中有 5 位由北京的企业家担任；70 位企业家理事成员中，珠江三角洲地区只有 3 位，显然参与活动的骨干成员偏重于北京和北方地区。但第七任轮值主席由复兴集团的郭广昌来担任使得论坛参与者的成分有了更合理的分布。中国传统文化中讲血缘、地缘关系，企业家的 NGO 里也不例外，其受限于发起人所在的地区和学习工作的背景。显然，郭广昌先生被邀请为轮值主席改变了亚布力论坛偏重北方企业家群体的格局。我被亚布力论坛核心领导的开放和郭先生的行为所感染，故应承了邀请，做 2012—2013 年度的轮值主席，因为我知道，邀请我实际是希望我能动员珠三角的企业家们积极参与亚布力论坛的活动，使亚布力论坛成为更能代表中国企业家心声和互相交流、自我更新的论坛。

有意思的是，在上述企业家组织中，许多企业家的身份是交叉的，既是中城联盟理事成员，也是阿拉善的成员，亦是中国企业家俱乐部、亚布力论坛理事。就我个人而言，则参加了除 2005 欧美同学会之外的其他所有组织。因为美国访学的身份，欧美 2005 同学会亦向我发出了邀请。能力有多大，责任就有多大。我认为，作为 20 世纪 80 年代创业的企业家，在中国社会转型的关键时期，积极参与企业家群体的组织建设是理所应当的。

契约精神的意义

2013 年 6 月 26 日，我在旧金山与合作方铁狮门一起为万科在美国的第一个项目奠基。这个项目进展之快远远出乎我的意料：2012 年年底开始谈，2013 年 2 月签署合作协议，6 月就动工了。同事告诉我说，虽然是第一次与美国公司合作，但感觉似乎没什么太大的文化冲击，铁狮门和万科之间的沟通非常顺畅，甚至比我们跟中国国内公司合作都顺畅。

同事说到这里，我回想起了万科真正地"第一次"与美国人合作。那是 20 世纪 80 年代末，万科当时还在做一些加工出口贸易，一家美国企业——富兰克林铸币公司希望与我们合资建厂。他们到深圳以后，第一件事就是拿出一份像一本书那么厚的合同。当时万科跟别人签的合同，基本上也就几页纸。这份合同真是让我大开眼界，甚至连工厂关门后剩余的 该如何分配都有了规定。当时我甚至感觉有点被冒犯：这买卖还没开 呢，就想着散伙以后怎么做，心里总不是个滋味。

但也就是这份合同，给我们好好上了一课。从那以后，万科的合同一直都是一本书那么厚，里面对各种可能发生的情况都有详细约定。几年以后，我们开始专心做房地产，也是第一个在楼书中提出"红线外不利因素提示"的房地产企业。这一切，都源自当年那一堂"契约精神"的课。万科的国际化，如果走得比一些中国企业顺利，可能就是因为我们的透明化、制度化的企业理念是符合这种契约精神的。

契约精神对现代社会的意义非常重要。传统社会中，人与人之间的信守承诺往往来自社区熟人之间的口口相传和因此形成的道德压力。而在现代社会，随着人口流动性的增加，熟人社会转变成陌生人社会。那么契约精神的文化就会给一个社会带来竞争优势。因为陌生人之间也可以相互信任——新教徒在抵达新大陆之后，往往根据一个人的教派信仰就能决定是否与之合作。这也是哈耶克所谓的"自由秩序的扩展"。

而契约精神的起源，可以一直追溯到《圣经》。大家都知道，《圣经》的真正名称是"新旧约全书"。"旧约"来自犹太教，是上帝三次与犹太民族立约；而"新约"则是基督徒与上帝新立的约定。在新约中，以扫和雅各两人分别为亚伯拉罕的长子和次子。有一天以扫打猎归来又累又饿时，雅各提出用一碗红豆汤交换以扫的长子权，于是，以扫以主之名起誓。此后，当亚伯拉罕想把来自上帝的祝福传给长子时，就只能传给雅各而不能传给以扫。在这个故事里，上帝是唯一的裁决人，超然于世俗的权威。而缔结契约的双方，都必须履约。

正是这种在神的契约面前一律平等的精神，在宗教革命之后被基督新教发扬光大，最终席卷了全球，成为现代性的要件之一。19世纪英国法学家梅因在讨论欧洲各国古代民法传统时说："所有进步社会的运动有一点是一致的，在运动发展的过程中，其特点是家族依附的逐步消失以及代之而起的个人义务的增长。所有进步社会的运动，到此处为止，是一个'从身份到契约'的运动。"

签订合同达成交易，这几乎和人类历史一样古老。古罗马和古代中国都有法律对合同和契约进行管理。但这种合同和契约，是基于身份和社会地位的。

中国古代的户律中就有"典主亲邻优先权"，如果一个人想出让土地，首先应该考虑上一手出让的典主，其次要在家族中看有没有人愿意买，最后才能拿到市场上去出售。这是国家在立法时就考虑了儒家的人伦观念。国家所扮演的角色就是最大的家长，"受命于天"，令子民们都各安其位，君君臣臣、父父子子，甚至子民之间订立合同，家长都要参与进来，将伦理道德灌输其中，由国家意志来体现照顾亲族，照顾弱者。

这在古罗马也不鲜见，古罗马十二铜表法中就规定了"家父权"，一家之长拥有多项特权，可以处置家族中其他人的财产。古罗马的民法，基本上只到家长这一级别，规定的是各个家族集团之间的关系。

这在传统社会当然是有效的，一个古罗马或者宋朝的农民，可能一辈子就在自己的村庄里生活。他生活的圈子在其出身时就固定下来了。这样的朝夕相处，当然能建立起长期而持久的依附与信赖关系。只要大家都扮演好自己的社会角色，社会就能保持稳定。但现代社会，通过这种方式获得的信任就显得效率低下而不可行。一个运转良好的现代社会，必然是陌生人之间可以迅速达成合作的契约社会。

但是，传统社会对心理的影响是很难在一两代人的时间里消失的。尤其在被动现代化的后发国家。契约精神的发展并不与社会人口流动性的增加同步。因此，很多人尝试着用传统社会的方法应付现代社会的挑战。

比如，中国人做生意，讲究先建立交情。你我不是陌生人吗？那就先一起喝酒、唱歌，建立交情，成为熟人。双方认可对方的人品、价值观，甚至家庭出身，那就可以一起合作了。这在改革开放初期尤其突出。东南沿海地区则一直比内陆的情况要好一些。可以说，离传统的小农经济和熟人社会越近的时代或地区，这种社会心理越强。

现代社会的节奏越来越快，一个人能建立多少熟人关系？能维护多少熟人关系？现在很多企业家疲于应酬，甚至都没时间花在企业内部管理和战略规划上，就是因为需要维护的关系太多了。甚至对很多中小民营企业来说，企业能做多大，取决于企业主能维护多大的社会关系。

把规模做大的民营企业，最终都是能够摆脱这种依赖熟人关系和身份地位建立合作，而建立现代企业制度的企业。现代企业制度是以契约为核心的委托代理机制，不依赖于个人或者个人的关系网络。不会像当年山西票号一样，东家如果辞掉掌柜，掌柜就会要求手下所有人一起辞职。这样企业就办不下去了。

为了实现陌生人之间的合作，契约精神应当体现在现代社会交往的各个层面，无论是国家、社会、企业之间，还是个人与个人之间。这就是知情同意的力量，自由的个体之间在掌握了充分信息、不故意欺瞒、不被外力胁迫的情况下，自愿签订的契约就是一份需要每个签署人遵守的神圣约定。这份约定是平等的，不能因为身份地位或者亲疏远近的不同而在执行中打折扣。而国家的责任，不是应该在个体之间寻找需要保护的弱者或者亲者，而是保证契约能够得到执行和遵守。

让灵魂跟上脚步

万科走了这么些年，我们需不需要脚步慢下来？这是我今天晚上想讲的主题。要怎么放下来，和几个关键词有关，第一个是节制。什么叫节制？有目的地限制或控制某一方面的欲念。

企业要节制，要坚持，要有取有舍。

我没有改革的回顾展望，只有最近的一些思索，对于企业，比如万科来讲，当质量和速度发生冲突时应该怎么决定，当质量和成本发生冲突时怎么考虑，当质量和利润发生冲突时怎么取舍。应该说企业在快速发展当中，尤其是机会非常好的情况下，确实面临着很多选择。当质量和速度发生冲突时质量第一。我在 2006 年万科的会议上专门表明了我的态度，当质量和速度发生冲突的时候质量第一，我们把速度放慢一些。当质量和成本发生冲突时我们质量第一，宁肯牺牲成本。当利润和质量发生冲突的时候，我们宁可利润少点儿也要保证质量。

我记得有一次和日本同行东京建物的南会长一块儿吃饭，谈到质量问题，我的副手当着我和南会长的面把质量和成本、质量和速度、质量和利润发生冲突时我的态度说了，当时问南会长怎么看，我以为南会长很赞同。我没想到这位南会长说了一句话：考虑质量的问题提都不要提了，不存在比较的问题，质量就是唯一的。这让我由原来的暗暗得意到惭愧，在质量问题上中国企业家和日本企业家确实思考的态度是有很大差距的。

我喜欢照相，于是买了一个爱普生 RD1，爱普生的电子线路、莱卡的镜头，那时候中国没有卖的，所以在日本买的。我用得很不慎，有一次做帆船运动时海水把机身打湿了，把电子线路板烧了，于是，委托到日本进行维修。

买这台机器花了 21 万日元，维修却要 19 万日元。照相机降价速度非常快，于是我问新买一个要多少钱，那时候价格已经从 21 万日元降到 20 万日元，维修一下却需 19 万日元，心想还不如买一个新的，打算不修了。机器还放在日本，这样一个月过去了，工作人员很为难地告诉我，维修的厂家希望我还是修。为什么？难道维修费不是 19 万日元了？还是 19 万日元。那为什么？日本的维修师傅说，坏了的照相机像一个人得了大病，修好了就恢复了生命，如果再买一部那是另外一个生命。我一听回答他，不要说了，我修。这已经是他们对产品的一个哲学态度，他们把它看作生命。如果从商业来讲，厂家当然愿意你买台新的。这件事情中他们对产品的哲学态度，给我的印象非常深，他们把产品当成艺术，当成生命，而我们把它当成产品，产品就讲究质量，因为质量不好没有竞争力，我们仅仅停留在这个层面上。在如何对待质量的态度上，我们中国企业家与外国企业家及中国万科与日本同行之间存在着差距。如果没有这样一个很深刻的思想认识，在制造产品方面就不能真正做到质量上的精益求精。推而广之，在汽车制造业上即使中国非常具有成为大的汽车制造国的竞争优势，我觉得有两个国家是很难超越的，一个是德国，另一个是日本。

我过去体会到日本的企业家特别喜欢骑自行车；后来和德国企业家熟了到他们家做客，发现他们很喜欢搞机械操作，喜欢亲自动手做东西，他们天生有这种欲望。而中国大学的基本培养体制是动手画图，不动手制作。这两个国家的民族是很难超越或者很值得我们认真去思考和学习的。反思万科走了这些年，有几个值得坚持的东西可以和大家分享呢？

什么叫万科化？做简单不做复杂，做透明不做封闭，做规范不做权谋，做责任不做放任。当一个企业解决了生存问题，解决了你在行业内的利润问题,甚至在社会上有一定的影响力时,应该把自身与责任联系在一起。

我在 2007 年年底的时候概括了万科的责任,我们要给万科戴四顶"绿帽子"。

第一,不做毛坯房要做精装修。万科要做主流产品,如果从中国的当前状况来看,我觉得万科做这样一个精装修的产品是非常有意义的。目前中国的整个住宅毛坯房的比例在 80% 以上,换句话说只有不到 20% 的才是精装修。提供毛坯房的结果是消费者要进行二手装修,二手装修产生二次建筑垃圾,平均一套房子的二次装修建筑垃圾是 2 吨,由于二次装修差不多每年要多产生 600 万~800 万吨的建筑垃圾。2007 年万科的精装修房超过 50%,远远高于同行精装修的比例,2008 年超过 80%,2009 年可能没有毛坯房。由于精装修施工期长、施工标准比较高,换句话说在毛坯房很好卖的时候房地产发展商是不愿意做精装修的。应该说万科的第一顶"绿帽子"在行业内本身是带有风险的,本身具有不确定性的。万科带头这样做,是由于万科的责任感、万科的影响力。我们相信做精装修终究会带来好处,精装修的差异性也会带来竞争力。

第二,建造过程中的节能环保。现在全球变暖,能源浪费上 30% 和建筑行业有关。建筑行业中最大的浪费是在建筑设计过程中产生的,如果我们提供的住宅在环保性能方面达不到国家标准或者说不能超过国家标准,那么整个客户使用方面的浪费就很大。万科制定的节能住宅环保标准要超过国家标准,除了一些大城市达到二级之外,其他基本是三级。万科在三年之内要都达到一级的环保标准。

第三,住宅产业化。住宅产业化对万科来讲既是极大的挑战又是竞争力的形成。万科的住宅产业化从 2007 年开始投放,投放市场微不足道,仅 2 万平方米,但 2008 年是 100 万平方米,2009 年是 300 万平方米,虽和万科的开工量相比不是很大,但按照万科的五年规划,到 2012 年万科可能就没有传统的施工方法,全部是住宅产业化。住宅产业化意味着什么?到 2012 年中国的建筑市场上可能不仅是万科住宅产业化了,且中国住宅市场的 10% 是由住宅产业化完成的,这意味着其节约用电相当于葛洲坝发电站一个月的发电量。由于住宅产业化是由工厂进行住宅结构的建设生产,它可以循环使用,而不用现场交售、现场保养；节约用水更可观，相当于 10 个西湖。由于住宅产业化使用钢模生产构件，节约木材相当于 6000 公顷森林，折合为 9 万亩森林。刚才讲万科自己到 2012 年产业化可以占 4%，希望同行有 6%。如何让同行跟着你一块儿做？万科现在住宅产业化的研发已经开始在推广，我们一直在申请专利，但是我们申请的专利是开放的，是不收费的。只有在同行中形成一种新的制造工艺、新的工法，我们这样做才有意义，这是万科给自己戴的第三项"绿帽子"。

从竞争力来看，我们一般会说三流企业做产品，二流企业做品牌，一流企业做标准。目前，在中国住宅行业中就住宅产业化的方面来说，万科远远领先于其他企业，万科在这方面投放了大量的资金、人员、技术，人员结构变化也很有意思。几年前万科的员工共 1980 人，最大的人员构成是销售人员，两年过去后已经没有了营销人员，因为我们把营销委托中介去做了。万科相当擅长营销，但是我们觉得应该按照社会化分工把它分包出去，所以我们不再做销售。万科从 1980 人增加到 2008 年的 2950 人，这 3000 人中工程师占了将近 1000 人，建筑师占了 400 人，也就是说工程技术力量占了万科人员的将近一半。万科在住宅产业化推进的过程中突然发现，万科在转型——从营销生产型向研发技术型转变。看看国家的大背景，从效率低下依赖大量的廉价劳动力的粗放能源消耗型发展向提高效率的科学发展方向转变，万科给自己戴"绿帽子"的同时其实是在形成新的竞争力，形成一种新的生产力。

第四，在小区进行绿色建设。营造环保住宅也好，使用环保产品也好，都是为了让人去住的，人住在里面是不是有环保的生态概念？在提供产品之后不仅要提供售后服务，还要做小区里住户的组织，让他们有环保概念同样对万科来说应该是义不容辞的。为此，万科专门成立了一个部门来推广社区的环保生态建设。

2008 年，奥运会来临之际，各大企业都把奥运当成一次宣传品牌竞争的机会，万科从营销角度没有介入奥运会的品牌之争，我们选择奥运之后于 2010 年上海举行的世博会。于是，万科正式向上海世博会协调局递交了要建万科馆的申请，对方的反应让我们很意外，对方说我们等着万科来申请，你们不来申请谁来申请。万科馆不宣传任何产品，我们播放一部关于环保的纪录片，讲述不得不说的事实真相。这是部美国前副总统戈尔拍的关于全球变暖的片子，我们万科馆就是从中国的角度，从中国企业的角度来展示气候变暖对我们可能产生的影响，预计在 70 年之后若气候继续变暖，且没有任何节制，碳排放量继续增多的情况下，中国会成什么样？我从 20 世纪的 1997 年第一次到珠峰大本营，2000 年到珠峰大本营登獐子峰，2003 年登珠峰，2006 年登拉拉枯日，每次去都看到冰川掉一大截。如果气候变暖再不扼制，2080 年珠峰将是一个季节雪峰山，上海就成了威尼斯。我们就是想用现代的声光学技术将它展现出来，让参观者来体验。

我原来用三句话总结了"万科化"，现在更加强调第四句话：能力和责任应该是一致的。我想用管理大师德鲁克先生的一段话来结束我的演讲："我们大大高估了眼前，却大大低估了未来。"对于眼前，我们应该放慢脚步，沉静下来进行总结、思索。我们相信中国只要持续发展下去，只要持续，怎么高估未来都想不到未来会有多么辉煌、多么伟大。我迫切地感到为了可持续我们应该学会自我控制，正确评估眼前和现在，戒浮躁，踏踏实实做事，让自己慢下来，让灵魂跟上脚步。

企业家要做老实人，说老实话，办老实事

万科做到 20 年时，我们能看清楚未来 10 年，而且其中还有很多不确定因素。听了几位企业家的发言，上市公司可流通股里面我们和宝钢的流通市值不相伯仲。深沪两地一千多家上市公司里面，一直以来中国电信、宝钢是大家伙，但是在流通股方面万科是排在前六七位的，我们不敢说前五位。我们知道从盈利能力和掌握资产方面来讲，宝钢比我们大得多，实际上这反映出了我国现在的公司治理结构。这是中国股市存在的最大问题，大量股票不流通，市值股权分离这个问题不解决，就容易出现问题。

郭为讲的企业发展的四个阶段阶梯论非常好，标准化管理、精细化管理、价值链、国际整合，但是他所演示的图表过于机械。我认为标准化管理毋庸置疑是最基本的，但不是说标准化管理之后才精细化管理，有可能标准化管理和精细化管理同时进行。

我今天没有图表，我力图用言语，把复杂的问题简单化。万科做了这些

年，我们刚才谈了很多基础管理，谈了各种逻辑，从方法论上来讲，绝对没有错误。但是我想提示一点，《中国企业家杂志》在两个月前讲的中海油成功之道中，有一点被忽视了，中国财经报刊把类似中海油的企业作为优秀的企业管理模式进行介绍，内容跟艾总的发言差不多，包含了如何危机管理、如何实现企业透明度、如何实现期权保值，但中国企业的实际问题出在文化方面。

我们是在黑龙江的亚布力，我很想提一提，我非常欣赏大庆精神，大庆精神三句话——做老实人，说老实话，办老实事。大庆精神不是从国外学来的，是传统的农民文化。我记得 2007 年下半年我去天津大学演讲，他们给我的资料介绍天津大学是第一所清政府建立的大学堂，建立大学堂时的校训是"实事求是"。当时第一次被迫洋务运动，洋买办开办工厂、开办洋学堂，在当时来讲就有一种浮夸风气，需要实事求是。万科之所以能做到现在，实际上就是依靠做老实人，说老实话，办老实事的基本原则，不仅我自己要做到，还要企业的员工都做到。现在一些中国的民营企业家在这方面是缺失的。

（摘选自 2012—2013 年《亚布力观点》）

中国企业家群体可以进行三代划分

文 | *陈东升* 泰康人寿保险股份有限公司董事长兼 CEO

对于中国的历史我一直有一个观点，鸦片战争是落后的结果而不是落后的开始。郑和下西洋之后的40年是哥伦布的航海活动，再就是工业革命、资产阶级革命，实际上到1840年西方已经完成了这四个过程，已经是一个崭新的现代社会。我们现在聊以自慰地说在康乾盛世的时候我们的国民所得占世界的33%，但那只是一个相对的世界市场没形成，尚处在分割状态的现象，而且是在康熙完成了一统中国之后中央农业经济大版图产出的结果。因此，33%的国民所得是没有意义的。从这样一个观点来看，鸦片战

争同时也是中国觉悟的开始，从此我们这个民族和世界分不开了。一提到改良、革新、革命，大家一般会想到辛亥革命，其实中间还发生了太平天国运动还有共产主义革命、"五四运动"、洋务运动，正因为我们落后了，所以我们存在两千年的文化基础受到了很严重的挑战。为什么有"五四运动"？因为那个时候很多激进的知识分子革命者把中国的落后完全归结于儒学，当然现在新儒学又诞生了，总之在思想层面中学和西学、现代和传统的冲突一直连

绵不断，到今天还存在这样一个话题。总结这 160 年，改良、革新与革命演绎了 160 年中华民族沧桑悲壮、自力崛起的历史。

改革开放 30 多年我和大家的观点一样，最早是 1978 年 12 月 18—22 日的三中全会召开。从农村所有制的改革到这 2 年，我们赚那么多钱的原因就是银行和金融体制改革、资本市场改革，30 年中国的改革林林总总，包括从农村到城市、对外开放、资本引进、微观到宏观。2008 年纪念改革开放 30 年，北京大学光华管理学院张教授主持的第一场论坛主要是吴敬琏和厉以宁老师的发言。改革开放 30 年最伟大的成果是两个方面：一是宏观方面以价格改革为核心，建成了社会主义市场经济的体系；二是微观层面的改革，实际上是产权改革，产权改革的结果是建设现代企业制度。现代企业制度建设的本质和结果是新型市场经济条件下企业家阶层和群体的成长和崛起，这是最伟大的成果。今天亚布力论坛在座的每一位企业家实际上是改革开放以来这个民族、这个国家最伟大的成果——我们就是这个最伟大成果的体现者、承载者和实践者，也可以叫得益者。

现代企业制度建立的核心是企业家群体的形成、成长、发育和崛起。早期孕育的企业家群体当时还是按企业的所有制划分，很明显就分为来自国有企业、集体企业、乡镇企业、个体户、中外合资企业的企业家。为什么"九二派"诞生？1992 年 5 月国家体改委颁布了《有限责任公司试行条例》和《股份公司试行条例》，1993 年又颁布了《企业法》，1998 年颁布了《合同法》。1992 年两个制度的诞生引起了一轮下海的高潮，这个时候社会主流精英坐不住了，体改委、体改所、发展中心下海的人多了一些，社会也开始发生变化。王石这代人是先知先觉者，那时候社会没有把他们当偶像来崇拜。我 1992 年下海，我要是提前 5 年下海，人家肯定会说陈东升这小子一定是犯错误了，因为那时候的社会认同还没有走到这一步，直到 1992 年社会价值方形成认同。1996 年搜狐作为第一家网络公司成立，网络革命对中国最大的贡献是创始人制度和创始团队的期权制——这是一个伟大的制度创新。中国企业家群体崛起的核心有赖于和得益于 1992 年和 1996 年两次伟大的制度创新。2001 年中国加入 WTO 又是一个新的开始。

这三个时期的企业家区别在哪儿？20 世纪 80 年代早期的企业家产权不

清晰，主要按企业所有制划分，那时候基本上国有企业改革采取承包制。两个文件诞生后，企业产权清晰，要么是股份制，要么是有限责任制，国有占多少、你占多少，清清楚楚。到了网络时代就更清楚了，产生了创始人制度和创始团队的价值认同制。我们经常讨论第一桶金干净不干净，合不合法，实际是企业家的原始积累问题。三个不同时期企业家的核心精神和两次伟大的制度创新形成了中国完善的现代企业制度和企业家价值的阳光创富制度。两次伟大的制度创新形成的意义是什么？中国经济持续发展的机制和员工问题得到彻底解决是中国企业家价值形成、完成原始积累的两次伟大创新，也解决了中国经济微观制度原动力的问题。我认为，如果按照现在的企业制度走下去，中国经济持续的动力是没有问题的。

我也看了冯仑的书，冯仑对于原罪的看法跟我是一样的，他不赞成一开始就是有罪、一开始就是不干净的说法。原罪的形成实际是一种制度的缺陷，是一种不公平。在 20 世纪 80 年代初这批企业产权不清的时候，实际出现了很多种现象。最开始万科是国有企业，国有企业就是永远的国有企业，所以王石最成功，因为他创立了一种制度：职业经理人。我把这个企业从零做到伟大，我还是一个职业经理人，这是王石式模式。第二种模式是柳传志式。企业产权很清晰就是国家的，当时科学院拿出 20 万元，但这 20 万元是被我折腾到这么大的，科学院的班子领导开明，奖我 35%，于是分享制完成了这样一个过渡。第三种模式是鲁冠球式。原来，乡镇企业不是国有企业，也可以改制转型，鲁冠球当年的上市企业用今天的话说是自己的，没有什么争议，也是最成功的转型，属于第三种模式的成功典范。第四种模式是当年不清楚，今天还照样不清楚。海尔今天的产权清晰吗？有一部分清晰，整体而言却是不清晰的，这也是一个成功的模式，张瑞敏不清楚，那咱们继续不动它。还有一种是最悲惨的，20 世纪 80 年代末搞五百家企业评价，有一些人因此获罪。我跟褚时健是很好的朋友，当时老褚在玉溪卷烟厂，地方国有，最后他做云烟给企业赚了很多钱。但企业是国有的，自己老了退休了怎么办？所以出现了一个 "59 现象"，老褚拿了 1200 万美元搞得家破人亡。我们老讲褚时健模式，他的贡献大家都承认，拿了 1200 万美元坐牢大家也能理解。这就是中国早期企业家命运的五种现象、企业的五种模式。这代企业家沧桑、厚重，王石是先知先觉者，在那个混沌不清的时代，他看得很清楚，所以从那时候到现在仍然是一个职业经理人，这也是最伟大的。

　　第二拨企业家是所谓的"九二派"——下海的政府官员、知识分子、社会主流精英。我为什么那时候下海？因为社会价值认同我。假设我回到1992年，在这5年之前我下海，人家会觉得我是犯了错被开除了的，3年前下海大家觉得这个小子没什么本事混不下去了，但在1992年下海大家觉得这个小伙子牛、有本事，社会对企业家的价值认同实际是一种很重要的力量。当企业按照现代企业制度建立，我们争论多元化和专业化的问题，就像嘉德拍卖和证券评估带动了行业的成长一样是一个过程。回忆企业家及行业成长的历史，涌出的典范有冯仑和杨波甚至80年代后期的金三角，而杨波、张少杰他们搞的基本是多元化。这一拨企业家产权清晰，但是企业家的精神和价值没有得到认同。这一拨企业家有责任感和使命感，他们大多是从机关下来的，觉得我不干这行的话早就当部长了，这种主人的精神也受到了很多人的批判。我们那代人就是这么一个模式，你喜欢不喜欢，这个时代就给你留下了这样的烙印。

　　我认为海归派就是创始人制度以及创始团队期权制度的发起者。这是一个伟大的制度创新。现在很多人羡慕张朝阳的阳光财富，他从做企业的那一天起就没有拿国人的一分钱，这一代企业家的财富和企业家的价值得到了制度保障，所以他们的特征是开放、阳光、新锐。

我认为三代企业家演绎的历程实际上是一个我们中国企业家创新精神和企业家价值被社会认同的过程，是一个从制度创新到制度模式化并最终确立的过程，也是一个从原罪到阳光创富的进步历史演进过程。反过来，如果按照现在的创始人制度和期权制度回溯历史，第一代和第二代企业家都不存在瑕疵或者原罪，原罪是制度缺陷形成的伪命题。原罪就是一个不存在的伪命题。

我把中国进入 WTO（World Trade Organization，世界贸易组织）之后的时期叫作后 WTO 时代。后 WTO 时代企业家展现的特征是前面三拨企业家的融合多元化，这个论坛见证了企业家多元化时代到来的过程。区域性的商派、商帮亦在形成，而浙江商帮是最活跃的。进入 WTO 后的这些年出现了一些很有趣的现象，显然企业家的素质在迅速提升，这是最伟大的。加入 WTO 后的 5 年间中国企业的竞争能力跟国际接轨的速度我认为是前所未有的。其中，一个现象是国家 EMBA（Executive Master of Business Administration，高级管理人员工商管理硕士）、MBA（Master of Business Administration，工商管理硕士）课程还有论坛到处都是，同时出现了著书出版热；还有一个现象就是评奖更多了。亚布力论坛诞生于中国加入 WTO 之际，第一次亚布力论坛的议题就是"狼来了"，那时候我预测未来 5~8 年中国企业会呈现新的趋势，跨国公司本土化、本土公司国际化。中国企业国际化的进程大大快于跨国企业本土化的过程，我讲的国际化过程大家现在已经统一认识了。国际化的其实是国际标准，是不是按照国际规范，是不是有严密的企业治理结构，是不是有透明的机制等，董事会、独立董事都是这些年衍生出来的，而且这些不完全是在被模仿和学习，而是真正开始扎根于中国的企业。后 WTO 时代应该是中国企业真正进入多元化的时代，是不再存在中国企业原罪困扰的时代，是中国未来诞生伟大企业的时代。一个企业的成长历程，3 年决定生死，5 年打下基础，8 年站稳脚跟，10 年小有品牌，20 年才能长成参天大树。海尔、联想、万科、平安、华为等企业经过几十年的发展在不断成熟，正通向伟大的路程；招商银行也很了不起，已经完全进入职业经理人的时代。在座的每一位先熬上 20 年才有可能设想能否成为伟大的企业和伟大的企业家，再看看企业管理、企业制度、影响力、社会责任等是否已经成形。我们这个群体也要进入国际企业家的群体，我们中国经济的崛起依然伴随着一个企业家阶层的崛起。在商业体制和制度、商业方法和文化、商业哲学和思想上，我希望有创造，希望这些创造能对人类的文明有贡献。回头想想三代企业家，第一拨企业家已经逐步离开这个舞台，第二拨还在积累，第三拨很多人从一个创业家"太快"转变成了一个投资家。我并不是说太快从创业家转成投资家不好，而是我更认同"企业家的伟大是熬出来的"这句话。这句话对于我们这拨人来说很有意义，确实，成为伟大的企业家要继续熬，得熬上二三十年才行。

（来自 2008 年亚布力论坛年会）

行动力与改革之根本——守本分、尽职责

文 | 李东生 TCL 集团股份有限公司董事长兼 CEO

行动力与中国改革——围绕这个方面我结合自己的思考主要和大家分享三个方面的内容：第一，尽管中国经济存在客观的规律，但当前的经济发展确实有问题，而且问题不容忽视；第二，改革和创新的内涵是什么，我们这么多年的改革和创新到底有哪些偏差；第三，到底什么是行动力，行动力从哪里来，作为企业和企业家又应该有怎样的行动力。

经济发展中存在的问题

当前，我们国家经济增速下滑的趋势已经越来越明显了，我们很难保持过往动辄 10% 这样的增长速度，从 2013 年的数据来看第二季度 GDP 增长已经调整到 7.5%，我认为这样的增速并不值得过分担忧，但我们需要关注的是这些数字的背后有更多深层次的经济和社会问题正在凸显。这些问题主要表现在以下几个方面。

其一，经济发展最重要的目标是增加社会财富，改善民众的生活，提高幸福感。中国经济的快速发展使社会各阶层生活水平都得到了不同程度的改善和提高，应该说中国社会各阶层都分享到了改革开放和社会发展的成果。但这个过程确实也加大了贫富差距，而且这种经济和社会巨大的变化也在强烈地冲击着人们的价值观念，使得一些社会群体具有仇富和仇官的心态，偶尔突发的事件加之一些媒体不负责任的报道和传播，往往很容易激发尖锐的

矛盾。同时，我们看到确实有少数人采取不法的手段追求财富和利益，导致各类经济案件层出不穷，不但牵涉了许多企业的从业人员，而且一些官员的违法活动大多与经济利益相关。社会发展的不平衡以及分配的不公平也导致社会的犯罪率上升。长此以往，必然使社会的价值观整体扭曲。我们常常可以看到，有些人的生活过得并不艰难，但总对社会抱有很强烈的敌意，习惯以负面的心态看待问题，这些问题的累计将对中国未来的经济社会发展产生负面的影响。

其二，多年粗放的经济增长给我们的环境带来了巨大的压力，对资源无节制地消耗及环境污染加剧都对中国未来的经济发展造成重大影响。我们必须花费更多资源、更多人力来修复这些伤害，未来这也会成为中国经济发展的障碍和拖累。

其三，整个经济社会的调整也面临着巨大的困难。当前，国有企业在垄断性、资源性和大型公共服务领域仍然占据控制性优势，我们看到2013年上榜的世界500强中，89家中国大陆企业中只有几家是民营企业，九家中国银行的利润已经占据了半壁江山，市场的过度金融化大大挫伤了实体经济投资，进而阻碍了中国经济的持续健康发展。国务院大力推动经济体制改革，鼓励更多的社会资金投入实体经济，民营企业应该把握这个机会积极拓展业务，特别是要大力推动业务的国际化。在此，我也大力呼吁政府相关部门尽快将国务院有关鼓励民间资本投资的精神落实到具体可操作的政策和规则上，彻底打破各种玻璃门、弹簧门等阻碍经济发展的外部行政壁垒。我相信，中国经济的持续发展一定会使更多的中国企业特别是民营企业成为全球行业中的领先者。

改革与创新的内涵

当前，经济减速不仅仅是单纯经济规律作用的结果，且经济减速也不全是坏事，至少当前经济增长率的中速通道可以让我们更冷静地审视自身的发展，也给我们一些思考和调整的时间，从而帮助经济更好、更快地回到健康的轨道。改革创新我们喊了很多年，努力了很多年，也确实取得了不少成绩，但同时也暴露了很多问题。过去我们不少的建设和成就从本质来看都是通过

牺牲未来——牺牲资源、牺牲环境，牺牲子孙后代赖以生存的根基来获取更多的当前利益。部分人甚至不惜违背经济规律和自然法则，我理解的改革创新首先肯定要以长远发展为前提，必须踏踏实实地、平稳健康地发展，不能以伤害长远利益为代价。过去我们总讲先发展后治理，眼前利益排在长远发展之前，未来我们应该眼前利益和长远利益并重，且要把长远利益排在第一位。要支撑这样的改革和创新，行动力非常重要，这也是我们今天峰会的主要诉求。

什么是行动力

我认为，对企业家来说，行动力最核心的就是要守本分、尽责任，就是要做好自身的事情，守好自己的本分，同时要积极参与和推动社会经济发展的变革，发挥出正能量。守本分、尽责任是三个层面，政府的层面、公民的层面、企业和企业家的层面。

首先是政府在管理经济工作中的本分。我们新一届领导班子提出了"中国梦"的构想，实现"中国梦"首先要保持经济的持续稳定发展，要建立更强大的经济基础，要能继续创造出更大的社会财富，这是实现我们中国梦的物质保障。政府管理经济的本分就是要营造好有利于持续发展的体制、规则和环境，鼓励和引导好各种经济主体和生产要素，积极参与社会发展的进程。这就需要政府转变管理思维，在经济系统中不能大包大揽，不要强势介入而要制定好规则，创造公平的环境；要鼓励各类经济主体在市场中充分竞争。正如吴敬琏教授在2013年年初的论坛中所说，没有竞争的市场比没有市场更可怕。竞争才是市场的灵魂。当然，更重要的一点就是要真真切切地让中国梦成为我们每一个中国公民可期待的前景。在改善民生和健全法制方面继续花大力气推动，要逐步缩小当下的社会贫富差距，让更多的人能安居乐业，多一些安全感和幸福感。

其次是公民的本分。我们的民族有强大的凝聚力和优秀的文化传统。中国文化在东亚的日本、韩国、新加坡等国家的影响证明了它强大的生命力。但我们也应看到，中国长期的封建统治和闭关锁国使我们在面对西方工业文明冲击时所体现出的我们自身的差距和不足。特别是近代百年中国的动荡，尤其是"文革"对中国文化和道德的破坏使我们今天的社会充满了功利，一些人甚至在做着一夜暴富的美梦。不可否认，现行的政治制度存在着这样或那样的缺陷，但作为个体，我们是否也有责任尽自己的努力改善自己的生活状态，我们是不是应该更多地着眼于如何推进问题的改善而不是一味指责和埋怨？毕竟生活是我们自己的，我们度过的每一天都不会重来，换一个角度视野才会更加开阔。

最后，我想讲一讲企业和企业家的本分。我认为企业和企业家守本分体现在三个层面。

首先，企业家要对企业的发展和员工的发展负责。企业家要对市场有前瞻性的洞察，要制定正确的企业经营战略，带领企业走得更远，创造更大的价值；同时，也要对企业的每一位员工负责，要为员工提供更好的发展平台，让他们在企业有更强的归属感，能够实现自己的价值。

其次，企业要成为推动社会和经济进步的力量。企业是一个经济组织，创造更多的经济价值是它的使命，但企业不能唯利是图，要为推动社会进步和经济发展承担责任，而企业家要有责任感、使命感和担当的精神。

再次，企业和企业家要懂得共生和感恩。不仅要在企业经营管理中注意企业发展与环境的和谐、与社会的和谐，更要在企业发展的过程中懂得反哺社会。无论是帮扶弱小还是公益慈善，企业要努力地朝着社会和谐的目标尽自己更大的努力。如果每一个企业都能够尽到自己的本分，那么这个行业必然充满活力；如果每一个行业都能够尽到自己的本分，那整个国家的经济将会更加健康。

企业家是一个特殊的社会群体，改革开放成就了我们的企业，企业的成功固然有我们自己的努力和付出，但这当中也有员工的付出，有合作伙伴、客户和社会各界的帮助和支持，所以，作为企业家更应有感恩的心态和回报的行动。作为企业家，我认为首先要善用自己的财富和资源。这些财富和资源既是自己的，也是整个社会财富资源体系的一个部分。企业家有责任利用好这些财富和资源，创造出更多的财富和价值。这种不断创富的过程也是对社会和经济发展做贡献。其次，企业家要成为推动社会进步的积极力量。作为企业家，要带头遵纪守法，坚决反对用商业贿赂、权力寻租等不法手段获取利益；要遵守商业诚信，不通过损害诚信、合作伙伴、员工和社会公共利益的方式来获利。企业家应在商言商，守法经营好自己的企业，同时更应以实际行动参与推动社会变革和文明进步。我认为，行动力的根本在于我们每个人要守本分、尽责任。这是我们当前改革最需要的精神特质，也是未来中国经济社会发展过程中我们企业家群体最需要的精神特质。

让中国制造赢得世界的尊重

关于中国的制造业，我认为工业制造是中国经济发展最重要的动力，也是体现中国经济竞争力的一个方面。前段时间我参加国务院的会议得知，中国改革开放以来，中国的主导产业及经济发展财富积累增长的基础是在工业制造领域，我们做得最多的是通过引进外资使中国成为全球工厂的雏形。我们工业完成了国内最基本的物质需求，中国目前绝大部分工业产品是全球售价最低的。我再说一点，我们电子行业是中国抵御通货膨胀最重要的行业，你看彩电、手机、冰箱、洗衣机、空调基本上都在降价，没有提价，而我们一买企业的东西就说贵，所以对工业来讲，就是要做到一点：一定要做到消费者买得起。

在过去几十年的发展中，中国竞争力的体现是经济快速上升，特别是我们积累了大量的贸易顺差。现在来说，贸易顺差是一个经济问题，但是在 15 年前，时任总理的朱镕基主持政府和经济工作的时候，中国当时的外汇状况是非常严峻的。我们人民币的汇率当时是接近 9 块钱，黑市的汇率到了 10 块多，我们凭什么改变了当时的情况呢？就是靠中国工业制造能力的提升，我们的产品输出给我们赚了很多钱。我们再看全球经济交换，这几年在不断经济全球化，在大量的国家之间、区域之间的交换中，最显著的现象是什么呢？

除了第一产业农产品的交换、资源性产品的交换、服务产品的交换外，剩下最大的就是工业制造产品的交换。工业产品交换中有一个特殊的——军火的交换。对中国来讲，我们现在相对有竞争优势、能够拿出去交换美元、欧元、国外商品进来的就是工业制造品。我们没有资源，整体来讲我们是资源缺乏的，我们每年要输入大量的资金，我们的服务业还不能做到像美国那样有许多的服务产品向全球输出，至少短期内我们还是做不到的。

在美国的制造业中，有 40% 的产出和美国国防军事工业有关，因为美国本身是全球军费开支最大的国家，同时是全球相关国防军事产品输出最大的国家。而我们中国靠什么，靠工业产品输出换取我们需要的资源、资金，所以未来中国经济成长大格局是不会变的。制造业是中国未来具有相对竞争优势的领域，按照 2009 年的统计，依据国家工业增长值的统计，日本占全球的15.4%，中国占全球的 15.6%，美国占全球的 19%，不是从 GDP 来说，而是从工业增加值来说，中国处在世界第二位。我相信中国很快就能够超越第一大国，所以未来，工业制造业依然是中国经济发展最重要的动力。

同时，中国制造业面临着非常大的挑战和非常多的机遇。

第一，成本的上升、竞争压力的加强使公司的成本控制进一步压缩，包括劳动成本的上升、社会成本的上升。现在各种社会资源都看到了工业成本比例在增加，因为我们有许多的税费是按照经营规律去收的，在销售收入基础上附加，比如地方收的教育附加费，我们广东有，别的地方有没有我不知道。这些社会成本给工业企业增加了很大的成本负担，另外，汇率的影响在过去几年也加重了企业负担。

第二，中国的大部分领域存在过度竞争，这种过度竞争使毛利空间被进一步压缩。改革开放以来，全球主要的制造企业都到中国来设厂；且中国加入 WTO 以后，我们的国民化待遇、取消市场准入和产业准入门槛以及外商投资优惠措施等政策的继续有效进步加剧了产业的过度竞争。

第三，这两年竞争越发严峻。在全球危机之后，由于西方主要工业国家的经济不是太好，特别是欧美，他们的贸易保护主义在过去一两年开始抬头，有许多的动作。受这些动作影响最直接的还是中国的工业企业，中国工业企业要思索如何应对这些挑战。对成本上升来讲，中国工业制造业可以进行产业转型升级，或者我们可能退出一些领域，比如说一些劳工成本特别高的产业，这些产业一定会转移到印度或者是成本更低的地方，这个趋势是挡不住的，而且也没有必要去挡。

通过产业的转型升级来指导我们提高工业的竞争能力，以此来应对挑战。而针对过度竞争、国家堡垒比较低的问题，我们还是要通过提高管理效率、管理水平、运营效率和技术水平来克服这种过度竞争所带来的挑战，因为这是入世必须面对的。我们看到外资进来了，外国家电进来了，但是它们对中国经济起到了推动作用，这种作用是更大的。我是主张要继续开放，不能因为外资进来，大家有压力就有顾虑。所以这种情况下更要提高我们自身的管理水平和效率。

应对贸易保护，要通过加快企业国际化。国际化并不只是说把产品卖出去，甚至要把我们的产业深入目标市场，就是我们一直讲的真正走出去，通过加快中国企业的国际化来应对金融危机之后的一些压力。

另外，要继续提高中国工业制造业的竞争力。这几年我感觉对工业制造业的问题重视程度在相对提高。实际上，工业制造业对整个社会、经济创造价值的作用是不可替代的。另外，工业制造业提供大量的就业机会，实际上就增加了社会消费力。最后，在国际贸易中，工业制造业的贡献作用也是不可替代的。但是我们看到在目前这种经济环境和规则下，对中国工业制造企业而言，投资回报率已经在逐步地降低，而且远远低于其他产业的回报率。这几年我们看到每年公布的财富排行榜，无论是福布斯的还是胡润的，工业制造业在上榜企业中一定是越来越少，是不是我们不能干呢？那也不见得。这是由整个经济体制所造成，但是我们看经济发展比较成熟的欧洲各国、美国和日本，这种现象就不那么明显。他们的投资回报率与政策和风险结构相配。

中国制造业应该受到全社会的重视。而目前整个经济环境的变化要求对现实的经济制度、法规和一些规则做适当的完善和修订，鼓励更多的资源包括资金、人力能够往工业制造领域倾斜，这才是中国经济长治久安不断发展的一个重要机制。作为一个工业制造企业，我自己也有信心继续把经济和资源放在工业制造业上；并且我相信中国的服务业、制造业一定会继续成为引领中国经济发展的火车头，成为推动中国经济社会前进的重要产业。

（来自 2013 年亚布力论坛夏季高峰会）

一场革命、一个危机、一种行动

文 | 马 云 阿里巴巴集团董事局主席

　　我想讲三件事：第一，一场革命；第二，一个危机；第三，一种行动。

　　很多人喜欢我们，因为淘宝给他们带来了生活快乐；也有很多人痛恨我们，因为他们觉得我们把他们的生意砸了。其实，今天中国永远不成功的人总是怪别人，说是别人让自己砸了饭碗。今天电子商务不是一个技术，不是一个商业模式，而是一场革命，是一个生活方式的变革。它只是刚刚开始，我相信在座的绝大部分人都没有意识到这场革命给我们带来了什么。前段时间我有幸去了中南海，我跟总理讲，很多人恨我们，因为我们摧毁了很多昨天很成功的企业，一些既得利益者对我很生气，但我绝对不会因为你生气就不做我认为对的事情，因为我们没有把互联网当作一个生意，我们把互联网当作一场革命。它可以改变很多东西，假设我们仅仅把互联网当作纯粹的赚

钱工具，我们跟20世纪的很多公司一样，仅仅是一个公司。今天我们认为，它是一个商业生态，它是一个商业组织，它对社会的完善必须起到一定的作用。

所以我们肯定会伤害现在的既得利益者，因为我们希望培养未来真正开放、透明、分享责任的那些既得利益者。在这儿我是来呼吁，我不是来忽悠，我呼吁大家认真思考、高度重视这次革命，参与到互联网这个大潮之中，其实忽悠大家没有太大的意义，因为我不缺你们这点生意。

第二是我们正面临一个危机。这次北京雾霾，我特别高兴，我从来没有那么高兴过，因为以往我们呼吁水安全，呼吁空气安全，呼吁食品安全，没有人"动真格"，因为"特权"阶级喝"特权"的水，这次没有"特级"的空气了，他们回到家同样会面临老婆、孩子的指责，是时候考虑行动了。我相信10年后三大癌症将会困扰着中国的每一个家庭，肝癌、肺癌、胃癌。肝癌，可能是因为水；肺癌是因为空气；胃癌，是因为食物。30年前，癌症是个稀有名词，今天癌症变成了常态。很多人问我什么东西让我睡不着觉，阿里巴巴、淘宝从来没有让我睡不着觉，让我睡不着觉的是我们的水不能喝了，我们的食品不能吃了，我们的孩子不能喝牛奶了，这时候我真的睡不着觉了。当年我很圆润，10年创业把我变成了这个样子，但是这个样子并不是我担心的，我担心的是我们这么辛苦，最后所有挣的钱都成了医药费，我希望中国人真正健康一点。

所以大家想过没有，汶川地震84000人的死引起了世界的震动，但每天因癌症死亡的人数是多少，我们没有人想过这个。有人问我，理想是什么？我说，我希望20年以后天是蓝的，水是清的，我们的空气是可以呼吸的。最近大家问：你的幸福感是什么，你幸福吗？什么是最基本的幸福感？就是沐浴阳光，沐浴的"沐"是三点水的沐，就是要有水，要有木，要有食品，要有阳光，不管你挣多少钱，你享受不到阳光，其实是很大的悲哀。我在微博上经常看见潘石屹、任志强说，哎呀，今天北京的好天气多么难得，好像发了年终奖似的。这本来是我们的基本权利，今天变成了一种惊喜，这是让我们最担心的，这也是我们未来最大的希望。我希望能够有一些改变。

这个问题不仅仅是因为发展快速造成的，不仅仅是因为政府的失职造成的，是我们社会缺乏一种抗体、一种信仰。何为信仰？信就是感恩，仰就是敬畏，缺乏信仰影响了我们的心态。心态变了以后，我们的形态变了，形态变了生态自然会变。所以我觉得这是一个危机，这是一个全人类的危机，是中国的巨大危机。以前我们为世界工厂而骄傲，今天我相信大家意识到世界工厂带来的灾难也是非常大的。

第三是我们需要一种行动。这个世界其实不缺投诉者，不缺抱怨者，不缺批判者，这世界好人一定比坏人多，这世界善良的人、善良的行为一定比恶人、丑恶的行为多，这个世界上人人都在说缺乏信任——我们不相信政府，政府不信任我们；我们不相信媒体，媒体不相信我们；人与人之间不存在信任。但是我所从事的行业中，我发现信任无处不在——你想过没有，20 年前、10 年前你会在网上，钱没有收到，就把东西交到一个完全不认识的快递人员手上吗？他千辛万苦送到一个不认识的人手上，每天这样的信任发生 2400 多万笔？信任一定存在，只是我们需要去发现而已。我相信我们并不需要等待政府，其实等待政府很累。其实我相信这些问题都可以被解决，今天的雾霾，当年的欧洲有过，当年的美国有过，当年的日本有过，但是他们完成了治理。我相信我们也可以做到，而且我们必须做到。如果我们不做到，那么 30 年以后，这儿没有亚布力论坛，我们可能会在另外一个世界相会，这不是一个恐吓。我相信这个灾难会轮到我们每一个人身上。

　　所以我不希望政府采取什么政策，因为政府也很为难，政府的政策往往也会出错。我记得小时候政府把污染企业搬出杭州城，我们欢心喜悦。但是那个炼油厂去了杭州的上风口，去了杭州的水源头，今天我们工业西迁的时候，跑到了黄河、长江的上游，我们祖祖辈辈将会因此受到伤害，这真是一场危机！

　　今天，我们要唤醒每个人的点滴意识。30 年前我在杭州看见西湖里面可以洗菜，可以洗衣服，且没有人觉得有什么。今天你去试试看，如果今天你往西湖里扔一个菜皮，大家会告诉你不能这么干，这就是一种意识。我们要保护好每一条原生的江河湖泊，因为有河流，才会有我们的城市，但是今天为了城市，我们埋掉了大量原生态的河。所以我们真正缺乏的是一种意识，是每一个人的行动，而不是等待某一个组织的行动。

　　所以我想呼吁大家的是：请高度重视这场真正的危机，一定要每个人参与行动，而不是期待别人。

　　　　　　　　　　　　　　　　　　（来自 2013 年亚布力论坛年会）

企业家是社会的公共产品

文 | *任志强* 原北京市华远地产股份有限公司董事长

中国为什么缺少企业家？我们不缺政府官员中的企业家，而缺市场和社会成长中的企业家。我们没有这样的环境，传统的计划经济让所有人认为总理应该干企业家的工作。所以我们让政府担负了企业家的重要职责。

从房地产来看，土地规划这个事，包括盖多大的面积、卖多少钱等，你只能服从政府的有关规定，而不能发挥企业家的精神去做更多的工作。

总理该管什么？我们认为总理应该管的是如何建立市场经济的规则问题，也就是说，我们要建立市场经济的框架，这是政府应该做的事。制订商品的价格、商品的原料价格以及买进卖出，确实不应该是总理做的事，而是企业家做的事。

央视最近播出一个纪录片叫《公司的力量》，提到的是公司体制这种制度力量在过去几百年间不断影响了世界发展，影响了世界经济，也形成了社会的制度。所以在完全建立推动公司制度的时候，公司力量的背后是企业家，如果没有企业家，实际上这些公司也不会有这么大的力量，不会建立完善的制度。

中国存在的问题是，中国是大公司，于是计划经济安排了市场，安排了消费者，安排了投资者，幸亏我们进行了改革，让我们从过去传统的大公司，变成由大、小公司共同组成的具有市场经济框架的雏形。所以《公司法》的产生形成了产生企业家力量的机会。我们也从公司的力量中看到历史上德国、英国以及其他许多国家把巨大的头衔授予对社会有巨大贡献的商人，实际上这些商人是当时的企业家。许多中国人看到的是好像商人获得了贵族的称号，这是不是社会人权中出现了不平等，但实际上我们中国恰恰没有认识到企业家的作用和他们的存在。授予贵族称号的做法是希望贵族精神在市场经济中得到发扬。在传统教育中贵族是恶劣的词或者是敌对阶级的代表，但是实际上贵族精神是指契约精神、机会平等。比如，我们知道普希金用决斗的方式争取了自己的爱情。不管是平民还是贵族，在遇到问题终端的时候没有用贵族的头衔欺压平民，而是用公平决斗这种方式来进行判别对与错。虽然这种方式并不是现在社会广泛存在的，但是起码告诉大家，贵族精神即契约精神和机会平等很重要，所以德国和英国当时授予了许多贵族头衔。

作为中国大陆的企业家和商人，他们恰恰希望能保持市场经济的契约公平。

第一，一般人认为，中国企业家是所谓的富人、商人、官员。商人中有企业家，但是商人不是普遍的企业家概念。像我们在阿里巴巴网站看到许多的小商品在网上交易，我个人觉得他们不是企业家，他们只是在形式上进行传统的交易行为。

是不是富人代表企业家？也不是。比如我们有许多的富二代，我们也看到许多通过拆迁的方式形成的亿万富翁、千万富翁，城市改造中大部分拥有房屋土地，因放开土地的使用权而获得丰厚回报的农民，他们都很有钱，但他们不是企业家。

我们有许多的富翁是出版商、演员、艺术家，他们也不会因为富而成为企业家。所以武断地认为只要是商人、富人就是企业家是不对的。但是他们之中也有企业家，因为企业家的创造性和盈利能力使他们成了富人。

另外一个是官员，官员本来不应该成为企业家，但是恰恰官员大部分在做企业家的事，比如最早的口号就是经营土地，把土地当作商品来经营，所以他们把风险变成局部利益而获取了最大利润率。

第二，将企业家理解为国有企业的观念。我认为中国的国有企业可分为以下三类。

第一类是改革之前，被朱镕基总理勒令破产、失业、下岗的企业。它们也有一些残存至今，但不是通过企业市场竞争行为而存活下来的。

第二类是改革以后出现的国企，我认为我和柳传志的企业都是属于这类，是计划外的一些全民所有制，是需要在市场上争食、找饭吃的企业。

第三类是国有垄断性的，或者是国家赋予或地方政府赋予特殊职能的企业，比如许多大型央企。

国企所有的管理者都不是用自己的财产来承担风险，进而去进行市场的创新或者是创造。在交换价格中，正由于这样的概念和发展阶段的不同，所以不能把他们混为一谈，其中也可能有一些具备改革之后独立创新精神的企业家。昨天晚上一个朋友问我是不是企业家，我说我不是企业家，为什么呢？我们可以看看在我们不承担风险的时候而培养出来的企业家精神。比如说，我们都知道一个典型案例，新加坡中油公司的陈总，因为他做期货的时候是用国有资产，而最终他以个人的生命、事业、名誉替代了国有资产。如果担心国有资产遭到损失，所有的国有企业管理者一定不愿意承担这个责任。

我宁愿平平安安每年做资产适度保值，也不愿努力做创新而有可能造成巨大的财产损失，这在国有企业当中其实是非常不可行的。反过来看我们的官员恰恰不一样，因为这批官员在拿国有资产做投资，他和个人企业做投资完全不同，所以他们追求的不是企业发展的竞争过程，而是个人利益的保护。

第三，在中国，大部分人将企业视作企业家的归属，许多人认为只要有企业就一定有企业家，这是错误的概念。有企业不一定有企业家，有公司不一定能够培养成企业家。我们许多企业是在维持过程中，过去前人怎么做的，我们现在还是这样维持的。

是企业家在创造企业，而绝不是企业造就企业家。有许多年轻人说我们要创业，创业过程得有一个基本的概念。网上交易一些小商品，这不是企业家的行为，你的创业要有企业家的创新精神，你多少得有一点企业家的基础

行为和素质。

第四，我们大部分人认为企业家是财富的代名词。其实许多财富不是因为企业的经营活动行为而产生的，所以财富不代表企业家，但是社会可能存在这样一种意识：一谈张三、李四是企业家，就会说他有多少财富。特别是在有了福布斯排行榜以后，许多人关注的不是企业家的经营行为和对社会的贡献，而是他后边的钱，这是一种巨大的误导。

第五，我们把贪婪当作企业家的代名词，认为无商不奸，认为商人一定对社会不负责任，是带有很大程度剥削性质的人。其实，利润最大化是企业家必须追求的东西，如果你不去追求这些东西，你就会输给其他的企业家，我们只要做到取之有道，这种获利行为应该是得到保护的，否则我们永远不会有市场。企业家绝不能因为某个人买不起计算机，就把计算机降到与他购买能力相当的程度。如果这样就不会有更多的企业去创造，或者投入更多的研发资金开发新技术，因为他得不到优厚的回报和获利。有人认为企业家是资本家，在现代社会的发展中，实际上企业家并不一定获利。资本家不一定是企业家，所以在现代社会的很多公司里科学家只能当总工程师而不参与公司的管理，因为他靠货币资本或者是股权来获取利益而不考虑经济利益。

资本家在传统社会中都是股东或者是企业经营者或者是财产所有者，但是在现代制度中发生了变化，投资者和企业的经营行为已相分离，因此资本家不完全是企业家。

但是我们看《公司的力量》，里面大多是资本家获取利益，然后是企业家革命。在现代制度中，往往因为腐败，在国有企业进行改制的过程中，存在许多不规范的地方，又因为种种原因经营资产是贬值的。

另外，甚至还有把企业家等同于社会责任、社会稳定的提案。最近看到新的文件，说采矿领导必须下矿，如果矿领导不下去，矿工可以拒绝下去。这是典型地把企业家和企业管理者等同于社会责任家。如果都这样，哪有企业家存在呢？比如说，我们在企业签合同时，如果约定你有计划生育的问题，你的合约会提早终止，这显然不合理。由此，企业家形象成了社会责任的承担者，把所有的社会责任让企业家来承担。

我上面说的五种情况造成了中国对企业家行为或者是企业家个人问题的误判，而尊重企业家不是尊重财富的代表。我个人认为企业家是一种社会公共产品。

第一，企业家推动社会制度的进步。如果没有企业家，没有他们的构建，就不会有公司的形成，也不会有相关的法律，更不会有公司之间市场经营主体的竞争。今天我们已经看到计划经济的失败，其又恰恰是不尊重公司治理和企业家治理的后果，因此我们不得不进行改革。前30年所取得的成绩和后30年的改革之路将形成巨大的反差和对比，过去我们连饭都吃不饱，但是今天可以重新组织，至少可以看到中国在世界上改变了自己的生存地位，这种社会行动的改变可以说归功于企业家，反过来说政府、企业家不是为私利服务，而更多的是为社会、公共产品的改善而努力。

第二，企业家推动了企业制度的进步。我们可以看看最早的法人治理结构和今天的法人治理结构之间的差别，它们曾经在为资本服务、为经营型服务、为股东服务和为人民服务之间有过许多次重大的转变。今天，我们仍然存在没有股份的监事会，因此法律特别强调对员工负责任，但是更多的是公司里面出了问题，让经理人承担起企业家的责任。我们也有了类似于国美的黄光裕和陈晓之争，这恰恰体现出了法人治理结构存在的问题。

在这样的发展过程中，公司结构内部的斗争保证了企业在社会中的自主地位。为了保住小股东，为了在资本市场上市，更多的法人治理结构由内部产生，最后形成社会制度，而不是公司内部就开始违反法律去批复小股东，如果是这样，就得在市场中道歉。因此，这种社会制度的推动、企业制度的推动，是企业家对社会提供的公共产品，因为它不是专利，制度也因此而形成。

第三，企业家推动了市场制度的进步。从商品的补充到资本的补充，以至到资源配置和全社会资产要素的建立，这种市场要素在中国一开始是没有的，在国际上大部分由企业家逐步形成市场规则以后才变成相关法律，不是法律在前，而是实践过程在前，这些实践过程大概通过所有企业家的行为，最后归纳成一点，变成了共同准则。党的"十四大"提出我们先要建立市场秩序的框架，但是在"十四大"以后，"十五大""十六大"我们没有看到进一步加强市场经济建设的文件。因此我们缺乏相应的法制进步，企业家也许从私权保护、财产权利保护、产权制度保护等角度不同程度地推动了国家法律制度的建设，因为有了市场，有了竞争，有了个性竞争，于是，他们为了对产权、自由交易以及财产提出保护，就要求国家建立相应的法规。

我们当时在中国香港上市的时候，如果出现问题要处以 3 年或者是 5 年的徒刑，这在香港是法律明确规定的。如果中国证监会通过一个立法程序，这过程需要三五年。这恰恰反映出企业家的行为在导致和推动着国家法律制度的建设，致使其最终对产权和财产权作出核定。

这里面特别强调的是对法律制度的保护，这恰恰体现了企业家这个公共产品的创造推动了社会就业和社会素质的提高，而且我们可以看到企业家通过培养高薪人才提高了人才的社会价值。在社会领域中，一般认为黑心的资本家一定会用最低的劳动成本去做同样一件事。但是我们在实践中看到，张三会用高价把李四融资进去，其行为实际上是在推动劳动素质和劳动力的价格提高，所以公司才能进行科技、管理、技术、知识的全面提升，而大部分的农民工是通过工厂、企业主才获得知识和培训的技能，从而最后在失业后才可转化为政府提供的劳动就业和再创业。这个转化的过程恰恰是企业主自己的行为和企业家的行为带动、推动了社会的建设和劳动工资的提高。相反，这些不是靠农民工或者是工人的劳动罢工而促成的。

在近代社会，1930 年美国的金融危机之后，福特首先通过提高劳动工资

来挽救经济。在这个发展过程中，我们可以看到越来越多的企业家通过提高劳动工资促使了最后社会劳动力的提升以及就业率的增加。

那么，今天出现了更多的富人企业家，他们将很少的资产用于慈善，而将更多的资产用于企业生产和扩大再生产、安排就业和劳动力。

第四，企业家在推动社会资源的分配。资源在计划经济中是靠政府来分配的。但实际上最有效的是靠市场，因为只有市场才能节约能源，因为它可以合理分配路线，发现新能源、新资源。而一开始缺少企业管理的美国最后通过企业家的管理，把新能源从社会的发明变成了可以在生活中实际运用的能量，比如说电力、蒸汽机以及类似的新发明等，所以这些资源配置使市场更有效和生产力得到提高，并推动了科技进步。

当我们都在说科学技术让人们获得了更多的财力、让企业获得了更多的发展时，其实没有看到这是资本与生产相结合转化为生产能力和消费品的结果，正是如此才能让社会通过科技进步取得经济上的进步和生活水平的提高。

从历史角度来看，许多企业家都是创新的，比如前面说的，他们既是发明家，又用资本把这些发明转化为市场可利用的能力——蒸汽机把我们的手伸长了，汽车把我们的腿伸长了，企业家的药物制作、药物科技使人的生命延长了，互联网把我们的大脑思维延长了——这恰恰是企业家提供社会公共产品而带来的。在没有电的时候人们生活在黑暗之中，在没有互联网的时候人们生活在知识的封闭和落后之中，而劳动时间和强度的缩短，恰恰是因为企业家的努力，而不是因为工人的罢工。

有人说这是趋利行为，如果企业家没有趋利行为就没有更多的资金投入。反过来如果企业家没有头脑发现这些机会，可能连矿物都找不到。这就是企业家在我们明天的生活中，怎样将资金和科技结合起来的过程。

企业家用有效组织起来的能力，承担了政府、社会、法律制度的道德风险和财产风险，也因此推动了治理与管理上的创新。1806 年巴斯迪福曾经提出，我们不存在企业，只存在企业家，如果没有企业家，企业都不会存在。

企业家恰恰是用最好的方式把资本和企业自己的行为结合起来，同时又把风险和经济损失结合起来。而今天，我们可以找到无数的例子说明"官商勾结"是一种腐败，是一种单纯对企业无利的行为，但是到华盛顿大街上一看，这里有专门的说服公司、咨询公司，你就知道在美国这被认为是比较先进的民主制度。实际上，"官商勾结"是一种相互沟通的行为和方式。的确，我们社会中的企业家因过多地追求利润率，导致他们利用"官商勾结"的形式获取了企业的私利，而我们也应看到企业家和政府之间的博弈一定程度上促成了社会制度的改变和更多人可以通过这样的途径享受到社会福利。

所以制度和法律是在利益交换中实现的，也通过这种交换推动了社会进步，推动了企业进步。今天来看，其实改革也是如此，从小岗村按手印开始，一步一步地形成交换。我们说"水能载舟，亦能覆舟"，市场和政府制度之间的交换起了载舟的作用，而腐败则起到了覆舟的作用，一个问题有两面性，但是首先要知道如果没有企业家阶层和政府利益的冲突，就不会有制度的进步和法律的形成。

我们同时要看到，在城市规划中，许多城市恰恰利用开发商作为土地的第一开发者，通过土地的增值和获取的最大利益，实现了道路、交通、市政各方面的建设，也实现了城市的升值。

因此，我们最近看到的是比尔·盖茨和巴菲特希望企业家们能做出更多的慈善行为，而中国历史上有许多这样相关的案例。比如说，事后通过历史调查，我们曾认为最坏的"周扒皮"当时被称为善者，因为他从来没有干过半夜学鸡叫的事，他在最困难的时候还开设了粥棚，通过施舍在最危急的时候救了很多人。

我们看，今天说新的流动人口也并不像媒体说得那么坏，而其中相当一部分是有关企业家的智慧奉献、健康奉献、社会奉献，他们不同于其他社会关注焦点，但实际社会财富并不是企业家创造的财富，这种财富许多来自他们的坚持。他们无数次挽救了经济危机，比如1930年之后的美国，甚至在古代就出现了许多由于商人介入而避免战争的情况，因此企业家在社会中的地位应该是市场竞争状况中合作共融的机制成果，而今天看到的各国之间出现的许多合作组织恰恰是通过市场竞争中的企业家合作行为而形成的。

所以要把敌对的政府变成合作的政府，即我们市场通常可以看到的多方合作。其实，在我们企业家的发展过程中，寻求的恰恰是最透明、最不腐败的生存环境，因为所有的腐败都会造成竞争中的不公平，但是一些人认为腐败是因企业家在市场中牟利而产生的。这中间或许确实需要互相允许和变卖的机会，而企业家群体确实在为保护这个市场给人们公平竞争和选择的平台而努力维护民主、自由、权益和产权制度，如果不是这样，中国就不可能像现在这样有更大的发展。

（来自 2010 年亚布力论坛夏季高峰会）

他们的经营哲学

规范的价值——民营企业可持续发展的根本

文 | **郭广昌** 复星集团董事长

作为一家企业，我们面临的生存环境不尽如人意，比如我们的行政行为可能还不够规范，舆论环境可能也不一定非常好，银行可能也还没有完全市场化，而当我们面对这一切的时候，民营企业该怎么办？我觉得在没有很强的能力与很快的速度去改变外部环境时，首先要改变的是我们自己。我们首先要做的就是规范自己，将自己的事做好，这样最终你才可能得到更多的理解和支持。

我最近一直在看奥运会，非常高兴这次中国的奥运金牌可能会名列世界第二，但是在座的各位企业家肯定在想，什么时候我们中国的经济实力也能够达到世界第二呢？我们的体育成绩之所以升得那么快，我觉得最简单的一个原因是体育最能够彻底贯彻邓小平同志讲的"不管白猫、黑猫，捉到老鼠就是好猫"。再一个，场所相对规范、简单，但是即使在这样的环境中还是会有黑哨，还是有很多问题，还是会让运动员饱受委屈。其实我们也是"运动员"，面临的环境比体育的环境更差，我们怎么办？我觉得已经有极具创业精神的企业家和银行家在支持我们，有非常有良知的经济学家在支持我们，有越来越好的环境在支持我们，我们要不断地规范自己，不断地提升自己的竞争力，不断地追求可持续发展。

对于复星的这几年，我自己一个非常好的朋友曾两次和我说他打死也不相信两件事。一件是关于复星集团控股的四家上市公司股票。我说我们从来没有炒作自己的股票，他说哪有民营企业控制的上市公司不炒作自己的股票，我说大多数民营企业是不炒的，我们不能因为一两家企业这样做就说别人都是这样。另一件是关于我们控股的德邦证券。我说我们从来没有挪用过客户的保证金，他说不可能，我说不对啊，挪用客户保证金在法律上就是偷窃。这么说偷窃行为不仅普遍，好像还是应该的呢！但是这样的问题的确存在。后来他对我解释，说德邦证券的保证金没有被挪用，原因是成立得太晚，还来不及挪用。我说就算是这样，但是我的确没有挪用它。还好德邦证券是在农业银行开户，他可以去核实。

所以我觉得在普遍不规范的情况下，的确会存在各种各样的问题，的确有规范的企业为不规范的企业买单，但是面对这样的问题，我们只能将自己做得更好。我们也获得了国际资本市场的认可和支持，比如，复地在香港上市时，就募集了2亿多元资金。跟国外企业打交道时，我们发现他们对中国的民营企业是又爱又恨，他们爱的是中国民营企业是未来中国经济的希望，恨的是他们觉得为什么总有中国企业出事。我跟他们说要从两方面看，一方面民营企业应该更规范，尽量不要出这样、那样的事；另一方面也要增加区别的能力，接受教训，增强自己的识别能力。今天我们在这里讲，更应该从自身的角度想办法做得更好。我最近思考得最多的一个问题是：民营企业应该怎样规范自己、透明自己，从而得到各种资源、各个阶层包括国内国外更多人的支持，因为我们面临着资源的竞争。我们要发展，我们要成为未来中国社会经济的主角，这的确还有很长的路要走。下面，我从复星集团自身的角度谈几点想法。

第一，我们要贯彻有所为，有所不为；贯彻以产业为基础，以资本为助推力。经过几年的发展，复星集团成功进入了多个领域，但是无论在哪一个领域，复星集团都是以产业为基础，集中在产业的做大、做强上。面对产业和资本市场，我们坚信只有提升产业价值，才能赢得资本市场的信任。企业的发展归根结底还是产业的发展壮大。复星找的是这个领域里最优秀的专业

化团队，依托这些专业化的团队，形成专业化的管理，经过两三年的培育，在确信找到这个领域的经营要领之后，我们才会大举进入。我们还抓住了国家宏观调控的机遇，相对地集中主业，一方面是重点发展已有良好基础的四大产业，另一方面是从营业能力一般的行业中淡出，同时加强企业内部的资源整合，提高资源的使用效率。

第二，进一步建设规范、透明的法人治理结构。民营企业要实现健康、有序的发展必须走向规范、透明，集团董事会除了股东董事之外，还有财务、投行专业人士，我们还计划聘请有关专家、学者担任集团的外部董事，以增强决策的科学性、权威性。以上市公司为载体，吸收国际资本，使社会各利益阶层享受企业成长的好处。同时规范企业法人治理结构，实现经营权和所有权的分离，在公司的治理管理上，我们实现扁平化管理，杜绝关联交易，促进各产业的健康发展。此外，我们还通过严格的财务控制体系，降低和防范经营风险。

第三，加强规范、透明、诚信体系的建设。规范是透明的前提，透明是规范的具体表现，为加强清晰的透明度，让社会了解复星的发展，我们聘请了国际知名的会计事务所，整体评价集团的战略规划和运行模式，聘请资信公司出具资信报告，我们追求的是规范、稳定的发展。复星集团现在的会计报告已经出来了，2004 年上半年我们完成了 101 亿元的销售额，完成了 16.5

亿元的税前利润。同时，整个复星集团资产的负债率是 47%，我们的各个上市公司在行业的负债率均处于比较低的位置。张教授说的观点，我都非常支持，但是我也要强调一点，我相信任何一个企业都不是被质疑倒的，质疑或者无端的谣言会对企业有伤害，但不是致命的，因为有良知的学者、媒体还是公正的，大部分环境还是好的，将自己的东西都规范和透明了，可怀疑和可猜测的就少了。希望企业家跟媒体之间能建立一种良性互动的机制，首先我们应该是朋友，因为我们面对的共同任务就是将中国的企业做好，我相信大部分媒体都是有良知的，最后都希望企业能做得更好。

第四，建立多渠道的融资体系，确保企业的发展有可靠的资金来源。这次宏观调控应该说给民营企业上了最大一课，也就是我们的金融政策有一定的不稳定性。面对这样的情况，企业的确不能过分地依赖银行贷款，虽然 92% 的金融资产还是掌握在银行手里，离开银行的支持，企业不可能发展，但即使如此，企业还是要想尽办法去拓宽融资的渠道。复星集团虽然这几年的发展比较快，但是我们始终保持比较良性的负债率，原因是我们多渠道地拓宽了融资渠道，依靠自有资金的积累，通过产品经营折旧，增加利润和现金流。一手抓有利润的现金流，一手抓有现金流的利润，这是企业赖以生存和发展的资金来源。2004 年上半年我们完成了 16.5 亿元的利润，现金流也达到了 25 亿元左右，因为我们还有很大一块折旧，这是复星集团赖以生存和发展的根本和基础。谈到资本市场融资，中国资本市场的确还有不完善的地方。比如关于我们有很多企业到海外上市的问题，股票市场好的时候，有人说为什么好东西去国外上市，这是不支持资本市场的发展；但是当股票市场不好的时候，又有人说我们来圈钱了，似乎怎么说都有道理。其实关键是规范问题，不要过度进行道德政治的批判，能跳得高的就让它跳得高，让"金牌"拿起来心安理得。我们要建立规范、透明的体系，跟银行之间要形成一个长期的、真正的战略关系，通过规范和透明的体系得到银行更多的支持和理解。

第五，增强公民意识，主动承担社会责任。一个成熟伟大的企业，不仅要提供优秀的产品和服务，还要使这个世界变得更加美好。一个好的企业一定会占用更多的社会资源，虽然也创造了利润，但是不获得社会的支持和理

解，没有社会这个平台，企业不可能持续发展，所以我们企业提倡感恩的文化。这些年以来，通过我们的努力，企业已经连续多年成为上海民营科技企业界的纳税大户，2003年我们的纳税额达到了31亿元。在发展的同时，我们复星集团还提供了6万多人的就业机会，还积极参加社会公益活动，累计捐赠了数千万元。

我觉得面临这样的环境，的确有太多不规范的诱惑，而且短期的不规范往往会得到额外的利益，但是为了长远的发展，我们必须规范自己的行为，这样才能得到更多、更持续的发展。规范最大的回报是什么呢？最大的回报就是别人可能会一时地得到，但是他们可能会死去，而你会活下来，在未来的过程中占据更多的机会，会得到持续、稳健的发展，所以你现在付出的会在未来得到加倍的回报，这就是我们所坚信的。

（来自2004年亚布力论坛年会）

一定要求稳，但也还要求快

文 | 李小加 香港交易及结算所有限公司集团行政总裁

今天我想谈谈企业国际化。因为对于实业企业家和我们自然经济体来说，今天来这里的主旋律应该是解决全球问题，我们得将这个主旋律进行下去。这是 2010 年的一大趋势，是一个比较清晰的开始。

我今天主要想探讨以下三个问题。

首先，为什么要研究人民币国际化？

其次，人民币国际化有没有开放的可能，有没有必要？

最后，如何开放，整体的发展路径大概是什么样的？

首先是人民币为什么要国际化，答案很清晰，很简单。第一是要对我们现有的经济存量保值。第二是要增量发展的问题。第三是在中国已经成为商业第二大国的情况下，中国在政治、国民经济活动中话语权的问题。

改革开放几十年我们已经取得了巨大成功，这几十年基本上是中华民族财富积累的几十年，虽然我们从一个新兴的社会还没有进入富裕社会，但我们已开始有一定存量，已经开始进入小康社会。因此，这个时候我们的经济存量怎么保值，已经成为一个巨大的问题，而这个问题在 2008 年的全球金融危机中已经明显地暴露出来了。在这样一种融资高度集中，同时实际在未来

5～10 年可能存在很大挑战的前提之下，如果我们没有很好地预想到保值问题，那我们也有可能丧失前面所取得的很多成果。

我们一直在说经济需要平衡，结构需要平衡，而现在这种以投资、出口为主的高度依赖型经济需要改革。如果人民币国际化成功，它会进一步改变我们的经济增量问题。这是个全球性的问题，因此全球的金融领导者已经开始高度关注人民币国际化。如果人民币的国际化得以实现，那么全球性的经济问题，特别是中国自身的经济问题，有可能在人民币国际化的进程中找到一个新的通道，且其具有一定的适应性，能把可能出现的问题都解决掉。人民币国际化在产量和增量上都有必要，如果我们自己的货币还不能成为一个国际货币，那么现在谈人民币资本、投资货币及人民币至少成为一个简单的贸易货币就为时过早了。

中国应在全球经济以及政治事务当中有发言权。人民币国际化绝对是大的趋势，是不可逆转的趋势，而且这种趋势以前基本上是一种理想，是一种愿景，而今天它已经开始走上金融快车道，且已准备启程。我们认为在中国今天的环境里面，已经加大的增量需求加强了这种前有堵截、后有追兵的态势，使我们的人民币不能够国际化。那么，在后有追兵、前有堵截的情况下，我们有没有可能在人民币资本没有开放之前，取得人民币的部分开放与国际化？我们认为第一是实行有限开放，有限的国际化。第二是可控的国际化。第三是一定要成为一种渐进的国际化。

我们说的人民币国际化，绝对不可能是大规模公开的，绝对不可能是一夜之间的，绝对不可能像其他国家比如日本让日元走向世界那样，但在一定时期内有可能类似于我们的改革开放——摸着石头过河。这个河一定要过，没有桥也一定要过，而且一旦走下去只有前进，不可能后退。这种可控的、渐进的人民币国际化，最终能够推进贸易降价。那么在这方面，香港市场由于在践行一种渐进的、可行的、可控的有限国际化，也就只有像香港这样的地方能够开始尝试这种人民币的国际化，因为香港满足三个条件：第一是中国的，第二是市场的，第三是国际化的。首先，只有是中国的市场，中国政府的决策者在人民币国际化方面的勇敢尝试才能产生巨大的作用。其次，得在一个好的市场，否则一切就像小孩过家家。再次，得是成熟的国际化市场，香港能够为国家进一步推进巨大的增值提供帮助，同时又给自己带来巨大的利益。

我们刚才讲了人民币有必要国际化，而且人民币的国际化只要是有限的、可控的、渐进的就有必要，而且有可能。接下来就是第三个问题，我们应该对大致的国际化路径有一个大概的预测——应该是怎么样的。国际化的一个中心目标是贸易降价，实现贸易开放的人民币国际化。这里面也有三个大的阶段。第一个阶段，人民币只能流出体外。过去四五年人民币已经开始合法进入他国体内，然后将近 8000 亿元的人民币归各国的银行所有。人民币第一步出境已经完成，接着人民银行和香港监管局签署的清算协议又解决了人民币的清算问题，第二阶段也已完成。第三阶段是境外的人民币可以回到股市。这一阶段已经开始在做，同时，进一步提高人民币的汇率，让国外的人民币投回国内银行证券市场又跨出了很大一步。这三个阶段便形成了人民币初步的回流。前一段时间人们对人民币的回流有一种错误的看法，认为人民币只要出境了，它就在境外进入市场了，这其实是不可能的。人民币想要真正的国际化，必须是一种中国的人民币国际化进程，毕竟从体内放出去后最终还要循环回体内，这样的国际化才有可能成功。所以说，人民币国际化要把人民币放出去，允许在境外流动，同时，一定要把在境外流动的人民币吸引回来，然后形成一个外资环境。

　　人民币国际化对我们的影响将是非常深远的。以老百姓的眼光来看，很简单，国际化是改革开放的必然结果、必然趋势，同时也是必要的过程。我们国民经济的国际化在过去的十几年里基本上还是以一种市场需求国际化、一种资金需求国际化、一种资源的国际化换来的国际化。我们缺的东西都要挖掘，由于我们没有资金，所以我们要国际化；我们没有大规模资源，所以我们需要国际化。这种国际化是一种依赖性的国际化，不得不做的国际化。我觉得人民币国际化，有可能是一种我们主动出击的国际化。那这种国际化是中国模式的国际化，是中国标准的国际化。

　　未来 20 年、30 年中国的焦点应是钱往外走，要增值、保值就要国际化。人民币国际化要稳定，就不能摔了，一摔就会导致以后的整个改革多走很多年，但是我们一定要快。因为国际化道路提前一年，对我们中华民族、对我们中国能量增值的支持和保障都有巨大的意义，因此我们有责任追求稳，还要追求快。

中国资本市场需要一条巴拿马运河

　　最近，市场上有两个比较突出的问题：一是钱荒，二是由于机器的误操作造成的市场大规模动荡。这两个个案，我这里就不再多做述说，但从中我们可以看到一个很简单的现象，两者都是在规模达到 50 亿 ~70 亿元的时候出现了问题。我们的金融市场已经如此之大，已经成了世界第二大经济体，但一个总量仅六七十亿元的问题就引起了市场如此大的动荡，值得深思。股市的动荡是由于机器的故障，但这也完完全全可以由正常的交易决定，有可能这家公司当时就想做 70 亿元的单，可它却在体量如此大的资本市场上带来了 5% ~6% 的大涨幅，我们的资本市场为什么如此之脆弱？这说明了什么问题？

　　今天的中国资本市场基本以散户为主，在这一情况下，每一笔单子的深度都非常低，稍微大一点的单子一旦进入基本上都可以全线暴涨，这与今天的市场规模是如此不相匹配。市场如此脆弱，问题出在哪里？下一步改革的方向在哪里？我们的共识有很多。第一，我们对目标都有很清晰的共识，那就是要服务实体经济，让资本市场有效地配置金融资源，有效地控制风险。

第二，对症状都有共识，资本市场有三高：高市盈率、高融资率、高价格。第三，对治病的手段有广大的共识。从硬件手段来说，中国的金融市场是全球第一。在交易系统方面，由于十几年前的改革，中国是全球第一个大规模达到一户一码的市场；我们的市场结构理论也是世界最先进的；我们的风险管控系统也为我们提供了足够的管控工具，比如期货市场，世界上没有一个市场可以像我们一样将按揭金集中在一起，由中央统一控制。

可为什么这么好的市场还会出现上面所说的问题呢？大家最缺乏共识的是什么？根源到底在哪里？对这个根源，社会上又有巨大的矛盾。有人说根源在于监管太多，可也有人说根源在于监管太少；有人说根源在于监管太严，可也有人通过一堆的例子说明根源在于监管太松；有投资者认为，政策对投资行为保护得非常好，可也有投资者认为我们的投资保护非常不好；今天我们的金融实际上已经非常实体化，但很多人则说我们的金融已经完全虚拟化了，完全以投机为主。另外，有人认为金融市场的价格太高，但从 PE（Private Equity，私募股权投资）角度、从 NPL（Non-performing Loaning，不良债权）角度来看，我们的银行系统、不良资产率非常低，但对此也有人说我们的市场有可能重复十几年前技术破产的危险。这种情况下，问题到底在哪里？我觉得，最根本的问题是市场的内在逻辑存在问题，市场内在的重要方面之间的关系仍然存在巨大的错位，政府、市场、监管机构的责任和权利的匹配仍然存在很大的问题。

回过头来看，中国几十年的改革实际上做了两件事：一是价格改革，二是我们今天面临的金融市场价格改革。金融市场价格的改革就是利率的改革、汇率的改革、资本项下的开放改革，只有这样的改革才有可能将金融市场的内在逻辑全面理顺。可是这个逻辑应该是自上而下还是自下而上，仍然是个没有结论的争论。对此，我今天也没有灵丹妙药，但作为市场结构的建设者和运营者以及市场结构风险的监管者，我们认为改革市场内部逻辑基因的时间到了。引入市场的基因，改革市场的微观逻辑，这件事情该怎么做？短期内的微观逻辑混乱是我们必然面对并且无法逃避的问题，因为我们一直采用的双轨制不可能在今天就完成。但长期逻辑的混乱、基因的不改造可能会使利益集团大规模地形成和盘结，进而使得改革越来越难，所以现在已经到了必须进行内部血液循环的时候了。

那么该如何进行呢？作为第二大市场，中国的金融市场已经非常市场化了，这是通过几十年的资本输入完成的，FDI（Foreign Direct Investment，外商直接投资）开放，香港国际资本市场成立，中国企业海外上市，这三件大事都代表着资金进入中国。现在，我们金融市场的内部逻辑还没有完全理顺，而且靠自己的能力不可能完全理顺，在这种情况下，我们唯有引进国际资本才能解决内部血液循环的问题。国内老百姓必须要有机会分散自己的资产配置，不仅要能投资A股，要能在银行储蓄，而且要有可能进入国际市场，而一旦中国的老百姓获得其他的投资机会，他们对政府保护的需求、对自己损失的承受力都会大幅度地提高。另外，国外资本的进入也能使中国的机构化得以完成。国外资本进入所能带来的好处大家都知道，也知道应该去做，但事实是一直没人去做。

为什么？因为我们害怕，既害怕钱进来又害怕钱出去，我们希望钱在我们需要的时候随时可以进来，进来以后干我们希望它们干的事，钱出去也得在可控的情况下进行。在这种逻辑下，现在想真正地全面开放就不可能了。所以，我们现在要做的一项重要工作是在中国的资本市场中建一条巴拿马运河，把大西洋和太平洋连接起来，使得双方的整个市场基因能够连接起来。

而中国香港已经建设起来的非常强有力的清算、结算、风险管控硬件措施就像两个桥头堡一样,既把大西洋和太平洋连接在一起,同时又能调节水流进出,且水位可以随时调节,从而不会因为一个大洋的高位造成另一个大洋的洪水。这是一个巨大的挑战,但黎明就在前面。

(来自 2010 年亚布力论坛夏季高峰会)

等着竞争对手犯错误

文 | *李彦宏* 百度公司董事长兼首席执行官

中国到处可见的机会让人明白，仅靠自己不行，还得让更多的人参与进来。因此 2006 年，百度上市。同年，我与当时全球最大牌的 VC（Venture capital，风险投资）接触，他问我，百度做得很成功，但你们现在仅仅是一家中国公司，中国什么时候可以出现一家真正有全球影响力的互联网公司呢？我对他说，这大概要在中国的网民人数变成全球第一的 5 年之后。

培育庞大的国内市场

为什么？首先，造就有全球影响力的互联网公司要有一个庞大的国内市场来支撑，这样才可以去想更多的东西，才可以去想走向国外的事情。自那之后，我就有一个心愿——走出去。现在，4 年过去了，百度的股票从 50 美元涨到了 500 多美元，它已经逐渐被市场认可，但我的这个心愿才刚刚开始。对很多中国公司而言，它们也都在走国际化道路，但在这之前，中国公司的国际化大多数都含有被迫的成分。比如，中国刚进 WTO 时，人们觉得即使我们不走出去，别人也会进来，这样政策保护的优势也就没有了。但这样的状况在互联网领域并不存在，因为互联网领域从一开始就没有受到 WTO 的保护。但经过十几年的发展，人们看到了中国互联网的兴起与繁荣。其实，对于互联网，我最初的认识也不多。我是工程师出身，读书的时候就认为将来所从事的是软件开发工作，但毕业之后真正做的却是互联网。当时也没有仔细考虑，只是觉得互联网更有意思。因为在美国读书时第一次接触到了互联网，所以毕业找工作时就给自己设置了一个条件：要进一家能够上互联网的公司。那时是 1994 年，即使是在美国，能够自由上网的公司也不多，所以互联网的吸引力非常大。

20 世纪 90 年代末，我回国的时候，对软件行业也产生过同样的疑问，中国为什么没有影响力很大的软件公司？我不相信中国没有这方面的人才，很多进行软件开发的中国人都非常聪明，因此这很大程度上是因为中国的软件市场太小。20 世纪 90 年代或者更早的时候，中国市场根本不足以支撑一个成功的软件公司，所以不管这些人多么聪明，不管这些人在执行上多么到位，中国的软件公司仍然不可能与国际上的大软件公司抗衡。

但互联网的情况很不一样。现在，我们可以看到，从网民人数来说，中国的互联网市场全世界排名第一。但 10 年前，中国的互联网人数只有 1000 万左右。10 年的巨变产生了很多机会，我们每一个互联网从业者都是它的受益者。所以，今天的中国互联网行业是其他领域羡慕的一个行业，今天的中国互联网市场是其他国家互联网同行羡慕的一个市场。但这还不够，中国的互联网应该在世界上产生更大的影响力。2005 年，百度请了一些律师帮忙写招股书，他们在了解百度的情况之后，将百度的目标定位变成了中国公司，在后面加上了 in China。后来，我让他们去掉了 in China。他们又将定位变成了 internet 公司，这又是我不认同的。因为在如此重要的一个文件中，我们要写入公司的未来愿景，既不能有中国，也不能有互联网。其实，在 1999 年百度刚成立的时候，我注册的就是 baidu. com. ink，并且早期百度的 Logo 中并没有中文部分。但回国之后，考虑到当时中国的互联网用户量太少，而且在使用的过程中很多人看不太清楚这个名字，迫于产品设计人员的压力，我们对 Logo 进行了更改，也就是加入了中文部分。所以，我也相信有一天我可以将中文部分再次去掉，并且 2009 年的时候我将百度的名字又改为了 baidu. ink。

让"百度"在全球一半以上的市场家喻户晓

守着这样的一个心结，2006 年，在认真考虑了各方面因素之后，我们决定从中国走出去。我们选择的第一个海外市场是日本，为什么要选择日本呢？首先，日本市场很大。当时，它是全世界第二大经济体。其次，与中国的地理距离很近。以前总在中国和美国之间来回跑，单程就要花十几个小时，倒时差也需要好几天，但从北京到东京只需要两三个小时。再次，语言和文化上都有很多相似性。比如，词和词之间不需要空格来区隔，尊老爱幼的行为和风范也能够相互理解。综合考虑之后，我们选择了日本市场，而且这与其他公司的国际化道路很不一样，我们不是去购买一个国外的公司，也不是去开发新兴市场。因为在新兴市场，互联网产业还处于早期阶段，市场非常小，小到可以忽略不计，而那些大的、成熟的市场又形成了一个非常奇怪的格局——一家独大，在这样的环境下寻求发展，困难非常大。

百度在中国取得的成功主要在于我们是用自己的人、自己的产品和团队来了解用户、了解市场，由市场来决定我们做什么东西、怎么做。所以，在开拓日本市场的时候，我们就确定要找到最了解市场的日本人，他可以不会讲英语，但一定要非常了解日本的消费者，最后我们找到了符合这一条件的人。他对互联网产品没有清晰的理解，这不重要，但他非常固执，说中国人根本不懂日本，所以必须按照他的做法来做。但很长时间之后，他的做法并没有获得市场的认可，这样我们才逐渐认识到，在中国我们必须按照本土的做法寻找中国人，他们可以不懂英语，但必须懂网民；而当进入一个更成熟的市场，一个喜欢按部就班做事而不喜欢创新、不喜欢冒险的市场后，我们所需要做的也许更多。现在，百度在日本的业务虽然仍处于初期阶段，但我们有信心，未来的机会仍然非常多，况且这只是我们的一个市场。未来 10 年，我们要让百度在全世界一半以上的市场成为家喻户晓的名字。要怎么实现这一目标呢？我现在也没有想清楚，但唯一清楚的是，我们必须看着、等着我们的竞争对手犯错误，它们一旦犯错，我们就有机会迅速崛起。在未来的国际化道路上，百度也会将其视为法宝。

（来自 2010 年亚布力论坛年会）

在历史的长河中学会坚定不移

文｜冯　仑 万通投资控股股份有限公司董事长

今天在座的多数是民营企业家，在这样的情况下，我想谈一下我们的民营企业自己应该如何创新。了解当下最好的方法就是往后退，往后退一步，今天就是过去历史的结束。所以我觉得我们先后退一步，后退30年来看，民营企业能在一个非常波动、

多事的社会变革当中活到今天，哪些东西是我们必须稳住的。我们一定要学会坚定不移，这个听起来很大，做起来却很小。

我总结了以下几点。

第一，我们自己要特别相信市场经济。张教授讲了很多他们作为学者给政府的建议，但我发现民营企业自己往往不相信市场的规律。在过去几十年民营企业死亡的记录中，80%死于跟政府的体制不匹配，20%死于商业的竞争，也就是说，在一个转型的社会中，最容易死的企业是因为和政府制度转轨中的博弈不匹配，而这种不匹配导致了它们率先被淘汰。在转型中，车要转，人也要转，如果你转得快，车还没有转到位也不行，只能是人和车一起转。对于这个过程，大部分民营企业掌握得并不好。

我们看政府权力过大的时候往往会忽视市场，民营企业的真正能力是通

过市场存活下来，现在一些企业却陷入了幻觉，很多民营企业从早上到晚上都提着钱、带着小姐。以至有朋友告诉我，现在跟政府打交道已经越来越简单了，因为跟"泡妞"一样。这样的一组画面，使民营企业大量死亡了，所以我不知道，在改革发展过程中，不光是政府对民营企业产生了怀疑，更危险的是民营企业对市场产生了怀疑，而且认为自己的"市场化"原则可以通过竞争。比如，在房地产行业，部分企业家不是通过产品、技术、变革和创新求发展，而是更相信通过跟政府的合作，在政府的关怀和照顾下求发展，这样是不行的。我们不要埋怨政府，而要更相信市场，只有民营企业更相信市场，把自己的生存基础集中在产品、研发、竞争、管理战略上，我们的企业才有发展机会。

第二，我们一定要相信组织变革。民营企业在过去几十年里能活下来最重要的是完成了不断的组织变革。有一次我和刘总吃饭，突然发现刘总把科学院管理成国有民营后，又将它变成一个上市公司、股份公司，最后将它变成了跨国公司，组织形式不断在变。所以民营企业在过去的成长中，若社会法律制度环境发生变化了，你仍然用原来的组织制度，你就不能获得非常好的约束机制，不能获得很好的战略规划，也不能够跟社会保持平衡。纯粹百分之百的私人公司，有动力、无约束，动力表现为贪婪的冒险，最后死掉了；而纯粹的国有企业，有约束、无动力，约束表现为懒惰和贪污，这两种制度都有弊病。现在包括出问题的很多民营企业，都没有真正的约束力，而把我们自己作为创业者约束起来，不应靠道德，而应靠自己的组织能力，要使自己的公司得到有效的约束，也不应靠某一个民营企业老板突然有一天自己觉悟了。

所以只有不断地推进组织制度变革，我们才能使公司保持在一个安全、协调的状态，同时使自己不断增强。

第三，我们一定要相信创新和变革能够战胜经济周期的波动，而不是去乞求政府的救市政策。今天的经济活动我们已经很难分清楚一些问题的根源在哪里，就好比农村里死了一个人，但是来哭丧的人太多，结果全村人都哭出了病，我们就弄不清楚最初死的人得什么病了，因为后来太多人哭丧导致这个疾病更严重了——哭丧导致人的信心崩溃，全村死掉的人更多。在这样一个复杂的经济过程中，全世界最聪明的人都有说错的时候，何况全世界有60亿人，两个人的声音一定会被60亿人的唾沫淹没，第一个站起来的一定会被"砸死"。所以做一个最聪明的人，就是容易被其他人干掉。我们今天没有办法乞求制度能够改变未来，所以在这种情况下，经济必然要波动，市场一定会进行周期调整，我们唯一能够生存的办法就是创新。我们不应去幻想昨天的蜜月，而要勇敢地面对今天的日子，蜜月的日子虽好，但是同一个媳妇不可能有第二次蜜月。不能用过去的观念、习惯、方法来决定今天的音符。创新对任何一个企业来讲都是战胜危机的最好办法。所以希望大家用更多的精力去研究自己的创新和变化而不是去埋怨。

第四，在未来的日子里我们民营企业家一定要谨慎，一定要自我改造，一定要自我提升。如果民营企业家不能与时俱进，不能在时代的变革中不断地改变自己，将会面临一个巨大的危机。我们今天讲了很多重要的问题，包括社会责任感的问题、企业公民的问题，其实这都是"贞操"问题。无论舒服不舒服都必须去做，绿色是未来的"贞操"，企业社会责任是今天的"贞操"，守住"贞操"可能第一不舒服，第二不健康，第三不自由，但作为现代企业家，我们一定要重视"贞操"，而不是仅视其为我们预见的一个问题。它关乎体制，关乎技术，关乎舒服不舒服，也关乎经济。所以我们今天必须重视自己的制度结构，重视我们的科研，重视我们自己的培训，重视我们自己行为方式的改变。

大家都说要和谐，但是在不断改进自己的过程中，企业一定要摆脱过去的习惯，这样才能有新的"贞操"，比如说为了让地球舒服，首先得让自己不舒服。这都是为未来的"贞操"所做的努力，所以最大的改造莫过于改造自己。民营企业要重视的就是社会责任感，要从自己不舒服的地方做起。面对社会转型，其实我们有很多民营企业家都很了不起。一个企业家在奋斗的过程中大概有4次转型，可能开始是一个好人，逐步变成一个能人，然后再奋斗变成了英雄，如果英雄坚持了很久则变成了伟人，如果伟人还能坚持就变成了圣人。但是由英雄到伟人之后，我们会夸大自我的能力，会把我们的标准强加给社会，强加给下一代，这个时候我们往往会处理不好，会产生反向的策略，又会做回英雄，再从英雄做回能人，最后，归于平淡。这就是企业家。

所以我们要改造自己，必须意识到我们在组织和社会中的角色——除了企业家股东代表的角色之外，我们还是拥有话语权的舆论领袖。所以如果我们忽视了社会进步带给我们荣誉的背后还有更多需要改造的地方，我们将失信于社会，失信于消费者，失信于我们的下一代，我们这一代的企业家也将不可能完成推动社会进步的责任。

我们至少应该记住，一个伟大的人从来是把大道理留给自己，把小道理留给别人，如果在座的企业家不想辜负社会和时代给我们的机会，希望大家坚定不移地使自己成为受社会、客户和下一代欢迎且能够令人信服的正直的企业领导人。

（来自2009年亚布力论坛年会）

在不断创新中提升和跨越

文 | **南存辉** 正泰集团股份有限公司董事长

正泰是一家专门从事制造业的专业电器公司，也是一家由 118 名智囊型股东组成的民营股份制企业，这是它的第一个特点。它的第二个特点就是产权清晰、管理规范，因为有众多的股东，不像很多人认为的那样——民营企业好像就是私人家庭作坊式的小厂。我们现在有员工14000名，全国有2000多家销售网点，也算是规模不小的从家庭作坊式起步的民营企业。第三个特点是我们的营销网络遍布全国甚至世界各地，2000多家销售网点聚成了一张网，所以第三个特点是销售网络化。由于上面的三个特点，我们才能一直做到现在，成为中国名副其实的低压电器第一品牌。

结合这么多年的情况，我谈几点认识。

第一，要树立一个理念。一个企业，尤其是中国民营企业，要在经济全球化不断变换的环境中求得生存与发展，且做好持续经营的文章，我觉得这个理念非常重要。在发展初期，我们曾认为做企业就是卖产品赚钱，认为企业文化、理念、核心价值观这些东西似乎都太空了；而在正泰经过20年的发展后，我们认为这个理念非常重要，只有树立一个适合自己的发展理念，而且坚持这种核心价值观，不断赋予内涵，你才会走得更远，且这比你将来的利润更有用。正泰将争创世界名牌、实现产业报国作为一个神圣历史使命，因为我们是制造业，所以我们要创出一个品牌，我们要通过产业报国这一核心价值观来统一大家的行动。我们提出坚持在主业上做精、做强，现在我们排在第三、第四，我们的愿景是瞄准世界上最强的，我们要瞄准第一、第二。刚刚创办的企业可能意识不到企业文化的作用有多大，当你成为有 10 年、20 年乃至 30 年历史的企业，可能你就会感觉到它的重要性了。我这个想法不一定正确，请大家指正。我认为办好一个百年老厂，要做到健康、有序地发展，理念是首位。

第二，要做到两个坚持，也就是坚持诚信经营，坚持以人为本。之前张维迎教授还有其他各位领导和企业家都讲到了诚信、规范、依法，对国家我们要依法纳税，对社会要考虑环保，各种关系我们都必须考虑到，既不能光顾自己赚钱，也不能光顾自己发展。只要我们做到了这些，我相信国家、社会各界都会不断地支持你。所以诚信是一个前提，企业要以人为本，各种各样的关系都要平衡——要对股东有回报，要对员工、供应商、社会、环境等都有考虑。我的认识是我们要时时刻刻做到这些，贵在坚持，因为坚持做下去是非常难的，只要做到了坚持，我相信企业一定能不断地向前发展。

第三，就是三个创新。当然不止这三个，为了好记一点我就说三个创新。有人说"创新就是率先模仿"，这个我也同意。我说的创新是各种各样的创新，技术创新、制度创新、管理创新，无止境的，所有的创新都源于你的思想观念、你的方法，千万不能将老经验用于现在或者将来。像我们正泰也是一样，必须立足于实际，结合国内外成功企业、成功人士的经验和做法，但是绝对不能照抄、照搬。"率先模仿"也可以在实践时进行不断地发展、完善、提升。

下面，我想讲讲四个跨越。四个跨越是结合当前经济全球化的背景，结合国内的经济环境，探讨我们的企业家该怎样不断地完善和提升。2014 年有温州的企业家跟我说环境变了，怎么办。现在宏观调控了，那么我告诉大家一条不变的规律——变。如何应对变化，如何适应这个变化，如何接受这种变化，如何拥抱这个变化，这些都是企业自身应考虑的。企业千万不要拒绝变化、恐惧变化，因为那是不可行的。怎么办呢？我想说四点。

我觉得作为已经在改革开放中第一批或者第二批成长受益的民营企业家，我们更应该担负起这样的使命和责任。认真地思考：怎么办我们才能够生存，怎么做我们才能够健康发展甚至做得更好。很多企业在改革开放初期，比如说正泰，就是劳动密集型企业，靠量大面广、低成本进行竞争，所以当时很多人说温州企业的模式就是低价、廉价，靠的就是劳动力。但是现在不一样了，温州地少、人多，成本也不低了，我们也是花了很多薪酬，比如说靠30万元、50万元、上百万元，甚至配股的方式来吸纳人才，成本已经不低了，怎么办？大多数企业家面临一个问题，不能光靠劳动密集型，一定要从劳动密集型企业提升、转化为知识、技术密集型企业，要从原来成本的廉价优势走向核心技术优势，从技术上进行提升。现在很多跨国企业都到中国来抢占市场，以整合等各种各样的方式掠夺中国的资源，所以我们必须将提升技术、质量、管理服务同对比优势结合起来形成核心竞争力，只有这样，企业才能获得发展，从而实现由中国制造向世界品牌的跨越。

我觉得世界品牌对中国的企业家来说，特别是对中国民营企业家来说，是要摆到面前来考虑了，现在很多跨国公司到中国来，并购中国的好企业，正泰也遇到过这个问题，至少有10家跨国大企业都希望我们卖给他们——他们愿意出高价购买。所以理念很重要，假如我的理念就是做企业然后卖掉，实现利润最大化，这就很简单——卖。如果我是想创企业名牌，实现产业报国，那么再高的价格也不能卖。

我们想，外国大公司可以由于成本的关系将一百年前在欧洲创下的工厂搬到中国来，那么再过一百年，也有可能将其从中国搬到别的国家，若中国将来被空心化，怎么办？这种社会责任感大家应该有，创名牌，真正有自主知识产权、核心竞争力的企业要做到这一点——要为将来考虑，要有自己的品牌，否则中国制造会成为一句空话，可能将来连世界制造中心也不是了。以上是我想说的第一点。

第二点，从产品经营提升为资本经营，现在我们的负债率还不到40%，我们是在农业银行开户的，正泰现在有140亿元的授信，但是现在还没有贷款，将来可能为了大发展做准备，我们也会进行贷款。我们也要股份制，要

社会化大协作，我们将来必定会上市，用社会的资金来进行运作。我们要进行产业经营，提出坚持产业化不等于不多元化，但是多元化里面有很多陷阱，多元化必须有一定的基础条件来支撑。多元化是在专业化基础上进行的扩张，我提出的资本经营，是要参与国企改制、东北老工业基地振兴以及西部大开发。中国有很多机会，光是我们自己的低压电器一个产品，世界上最大的公司 2013 年销售额就达 1000 亿人民币，而我们只做到 100 亿元人民币，何况我们还有高压、输变电产品，可见，发展机会是无止境、做不完的，所以进行资本经营的内涵是不一样的。

就我们制造业来说，现在外国公司进入中国了，我们也可以同样走到国外去，兼并他们好的研发机构为我们所用，实现由"区域工厂"向"国际化企业"跨越。这是企业要考虑的另一话题。

第三点，现在大多数的民营企业都是家长式的管理、英雄式的人物管理。在经济全球化的时代，我们要冷静地思考，要考虑有序经营，我们这些人年纪大了，也有干不动退下来的时候，如果光靠英雄式的人物管理、家长式的管理，企业能不能永续经营？这值得我们思考。所以我们要培养职业经理人的团队，要依托国内外人才的力量，不断地吸纳人才。当然，这里也有很多难题，你怎么将鸿沟跨越过去，我们正在推进整个企业的改制，将优秀人才吸纳进企业的核心，成为股东、老板、董事甚至总裁，面向国内外广纳贤士，从而实现家族化企业向企业家族的转变。民营企业的家族观念是比较浓的，但我并不反对家族制，家族企业在国外成功构筑百年基业的例子有很多，中国也有很多企业实现了第二代的交接，但是我提出要有家族企业的跨越，第二代接班人一定要考虑好。我是这么考虑的，不一定非得我的子女接班——当然这是很痛苦的，将别人的子女当作自己的子女很容易，但是将自己的子女当作别人的子女很难，不过亲情关一定要过。我跟我自己的小孩子也沟通过很多次，现在他们在念大学，我鼓励他们去打工，鼓励他们自己创业，额外的豪华消费都得他们自己付。年轻人若是人才我们聘请过来，如果是败家子就算了，我还是会请一个职业经理人团队来进行经营。在我这个圈子里，大家基本上都是四十岁上下，子女有些已经大了，中国的民营企业家一定要考虑这个问题。

最后一点，如何提高个人的学习能力？提升自身的素质。修养上，我觉得中国的民营企业家需要认真地思考。前面张教授也替我们企业家说了不少好话，也批评了一些人。我们应该将张教授的批评当作鞭策，将鼓励表扬当作激励，而更多地应该是当作责任，从自己身上入手。郭广昌郭总说的规范自己，我很同意，现在各方面都应该规范一下，自己的学习修养也应该提高，这一点很重要。

我在温州、浙江甚至全国范围内看到很多民营企业家，赚了钱之后不忘国家、社会的需要，回馈社会，就像张教授说的——做圣人、做贤人；但是也有个别的民营企业家，有时候忘了这种社会责任。我认为企业家最大的责任就是办好自己企业的同时勿忘社会责任，尤其是在成功的时候，在荣誉、称赞声起来的时候，不能忘了自己的责任，不能对国家的法律政策、社会、环境视若罔闻。所以我们要从只顾赚钱的老板转变为有社会责任感的企业家，实现由"追求利润最大化"向"追求社会价值最大化"的跨越。假如你将利润当作了唯一，那你就错了，所以我提出利润是第一但不是唯一，企业的经营目标只有跟国家社会的需求融为一体，社会价值才是永恒的，企业也会得到各界的支持和帮助，得到永续的经营发展。

（来自 2014 年亚布力论坛欧洲行）

市场化投资推动经济转型

文 | *陈琦伟* 亚商集团董事长

现在中国经济处在一个瓶颈时期，我们投资的企业、经营环境、销售收入，我们碰到的问题以及我们了解到的情况，都让我觉得中国经济进入了艰苦的调整时期。

我个人有一个不一定正确的提法：现在中国经济转型要把从投资拉动经济转移到从内需拉动经济，这是有一点误导的。这个提法本身是基于政府的角度提出来的，讲投资拉动经济是因为中国政府在全球经济模式中是很独特的，在过去20多年的经济高速增长中，它确实起到了很独特的作用，确实做了很多别人没有做的事。中国政府在经济增长过程中的成就，是没有任何一个专家或者企业家能预料得到的。没有人预料到中国经济能发展到今天，因为它是在政府的着力推动之下，结合市场的力量达到的结果，所以大家就会认为政府无所不能。2008年金融危机的时候，投资拉动经济最有力度的事件就是40000亿，且40000亿延续到了之后几年的经济增长过程中。但是现在大家觉得用40000亿的财政收入、政府投入来拉动市场是很困难的，所以寄希望于扩大内需。但我觉得这个观点有些偏颇，首先在于为拉动经济而投资的钱，不光是政府的钱，还有从市场渠道进来的钱。市场渠道进来的钱不难理解，在 20 世纪 80 年代末 90 年代初，市场进来的主要是外资。但是这几年，特别是过去的七八年，中国实体经济一个重大的变化就是民营资本的力量越来越强。民营资本的构成本身就是因为过去 20 年持续高速的经济增长，国内沉淀出的财富积累，加上经济刺激政策所造成的一种自主剩余。

大家也意识到，过去几年中国经济快速泡沫化，过热了，泡沫就要破裂了。股权投资、市场化投资是中国的新兴产业，新兴产业在开始的时候有泡沫是很正常的事情。从中国经济增长一开始，房地产也好，股市也好，矿产资源也好，都是这样，是中国技术薄弱和市场经济造成的特有现象，所以都有早期的泡沫阶段。然后经过沉淀进入持续的发展期，形成蒸蒸日上的大产业，所以股权投资在中国有着非常重要且宽广的前景。实际上内需拉动经济在实践过程中也碰到了很多的难题，因为大家意识到老百姓口袋里的钱不是那么容易被掏出来的。中国老百姓是艰苦的、刻苦的、节俭的。大家看到，在欧洲买礼品时中国人都很活跃，且大部分是中产阶级，那是因为中国人好面子，但是要回到国内理性花钱的时候，老百姓的口袋会越捂越紧。拉动经济真正需要的不是资金本身，而是要有创新和创新产业的发展。创新产业的发展会使得产业拥有新的增长动力。从公众来说，老百姓只有感到未来的收入有保障，才肯花钱，如果在现在经济不明确的情况下，老百姓会考虑未来的保险需求，所以新的产业增长是非常重要的。

反过来说，我们要从市场化的渠道流入资本，因为资本本身注重回报率、风险控制和未来前景，这些实际运作中的功能是政府的资金完全不具备的。如果单纯在政府投资拉动经济的情况下，一旦政府决定松动政策，投入资金去刺激市场，大家都会跑去要政府的钱，但是事后的监管、监督、风险控制系统又非常薄弱，所以，市场化起的作用和获得的效益才是真正的效益。

企业更加在意的是自身怎样做更加健康，怎样能活得更长一点。作为一个投资者，我们投资了全国大概七八家企业，投进去以后，以我们积累的市场、商业经验，可以帮助这些企业家做成很多事情，有助于他们走正道，可以使他们的生存率更高和生长效率更强。

无论从宏观层面还是微观层面，在中国经济转型的实现过程中，市场化资本会起到越来越重要的作用，是经济健康的成长型力量，是一个有远大前景的成长中的新产业。

关注更具创新能力的第三代企业家

创新这个话题至少讨论五六年了，为什么大家还一直在谈，还一直认为这是个问题？从我个人的实际经验来说，这是因为中国的经济发展中有太多诱惑，包括我们做企业获取利润时，也有一些比较省力的诱惑，这使得中国整个经济处于一种缺乏对创新有真正认知的状态。

我们确实能比较明显地感受到中国经济已经取得的成就，除了一些数据和中国的购买力令人印象深刻以外，相对于欧美等其他经济体，中国在国际上仍缺乏尊重。这个尊重是从另外一个角度来讲——假设有一天中国经济出现了较大的危机，那么中国对世界经济是一个拖累；而且我们的邻国和其他国家都会窃喜，窃喜我们中国经济以牺牲环境等各种方式获得的发展终于遭到了市场的惩罚。作为中国人，我们不

希望这种情况出现。如何解决这个问题？我相信越来越多的有识之士会认识到，创新是唯一能够帮助中国经济减少痛苦、减少代价的正确方式。

讲到创新，这也涉及我们自己。过去做亚商时，我没有想过正儿八经地做商业，我们只是提供一些顾问服务，来帮助企业更好地发展。后来，在不经意间，亚商转向了做风险投资和股权投资，自此，我们对企业的理解和认识越来越深刻。因为投资了企业，在跟这些企业一起成长的时候，才体会到企业在运行中真正碰到的挑战和问题。我们之所以要继续把投资业务做下去，并且做好它，不仅仅是因为投资能够赚钱；更重要的是，本着对资本负责的

前提，我们会更加关注在企业家中酝酿的创新动力，这样我们也更愿意跟他们一起成长，来体会这些企业的创新。正是由于这些切身经历，我们越来越感受到，随着中国经济总量的快速增长，市场空间给民营经济和创新企业留下了越来越大的空间。

作为一个企业经营者，我们会越来越感受到市场机会在增多。其中的一个重要标准就是有创新精神的企业家跟科技进步的力量、市场的力量结合在一起就会提供越来越多的空间，这让我们看到中国经济可以有一个避免付出简单代价和痛苦的调整方向。

讲到提供创新的企业，我们也不得不说，亚商在这个过程中见证了几代中国企业家的成长和变迁。在亚商过去做企业咨询的时候，中国第一代企业家完全是在国有经济占统治地位的夹缝中成长起来的，所以第一代企业家中，强人企业家非常多。从1991年开始，我们在长期的企业咨询过程中，跟中国上市公司的圈子中300多位企业家都建立了比较好的联系。这一代企业家绝大部分是强人企业家，他们个人的能力要远远超过他们的下属。这中间一个很重要的因素，就是这些企业家在成长过程中，要花费大量的精力跟政府和相关部门打交道。不仅如此，在两面作战的环境中，他们还要带领自己的企业成长起来。

现在回过头来看，第一代企业家也是中国经济成长的贡献和骄傲，但是也基本上是难以复制的。中间转型期间，出现了更多知识型的企业家，我们把他们看作第二代企业家，第二代企业家的教育经历相对完整一些，而且20世纪90年代中国社会的学习机会越来越多，我们看到很多企业家朋友，他们在带领企业成长的同时，也在不断充实自己。从20世纪90年代中后期开始，特别是从20世纪90年代末期开始，MBA和EMBA教育迅速发展。不光学校教育，各种各样的培训也使中国企业家得到了快速提升专业素质的机会。所以这一代企业家开始越来越关注世界市场的流行趋势和动向，不仅注重企业的产品，而且更加关注企业的治理结构和成长模式。在这个过程中，就出现了越来越多跟资本结合的第三代企业家。

第三代企业家的特质令我们内心鼓舞，他们务实，知识面更加宽广，另外，他们对行业的领先趋势把握得非常精准，同时行动敏捷。第三代企业家

知道怎样更好地在中国这个快速变动的环境中，获得对自己发展最有利的资源。所以亚商从3年前开始，涉足早期企业的投资。在这3年中，接触到几百位创业企业家，我深深感受到这些创业企业家由于他们的知识结构及对市场经济、中国经济趋势的感觉，他们更加关注市场趋势。同时，过去5年，由于中国资本市场的快速发展，这些第三代企业家更加注重跟资本的合作，跟资本资源的结合使得他们的企业成长跟第一代、第二代企业家有一个更加明显的区别——跟国际市场有更靠拢的趋势。我们感觉这些企业家有真正的创新能力，他们完全有可能在中国经济转型过程中，起到非常积极的支持作用。

能够在经营企业的同时，见证中国新一代企业家的成长，跟他们共享这种成长的成果，并且通过他们的成长，对中国经济和社会的健康发展做出贡献，这是我现在做企业所感受到的一种更大的收获！

（来自2012年亚布力论坛夏季高峰会）

最重要的一点是坚持

文 | *陈一舟* 人人公司 CEO

原本想谈谈无线互联网，但在跟各位企业家和高人探讨后，现在脑子里有各种各样的想法在激荡，我自己也有很深的感触。因此，我首先简单讲讲我们的人人网和人人公司，包括我们过去 10 年来的创业历程。

我们公司是互联网第二期的公司，我个人在互联网方面创业比较早，当时赶上了全球互联网的泡沫。但很不幸的是，我们三个初出茅庐的小伙子没有太多的商业经验，当时把融到的资金都花掉了。2000 年，我们又碰到了互联网泡沫的破灭，所以把公司卖给了搜狐，结束了我们的第一次创业。

人人公司从开始到 2011 年已经有 9 年时间了，9 年曲折的经历中有非常多的挫折，我们的商业模式至少变了四五次，所以有人说互联网行业非常容易产生出短命的公司。为什么我们的公司到现在还没死，而且还越来越健康、越来越好？我们后来总结了几条，跟大家来分享一下这次创业过程。这其中最基本的一点就是坚持。公司从 2002 年 10 月到 2011 年有 9 年时间，我们的第一笔钱非常少——我记得我在融第一笔资金的时候，是在美国找的投资人，因为有"9·11"，大家没有投资的热情。我就请一个投资人吃饭，不断地请他，当时断断续续请他吃了 8 次麦当劳，融了 8 万美元，相当于吃一次就融资 1 万美元。

公司的头几年，商业模式就变了好几次。几个月后，我们进入了传统 SP（无线增值）行业。在传统 SP 行业几年以后，碰到了 2006 年的寒冬，正好赶上了一个大的浪潮，当时我们公司尝试了非常多的东西，分类广告、视频分享等，没有什么是我们没去做的。但是所有这些尝试都是基于我们传统的业务，以赚钱为主，一旦不赚钱，很快就会进入一个非常糟糕的状况。我们当时是 1400 名员工，在半年之内砍掉了一半。2006 年，我们成立了校内网，这是我们的第三次转型。转型以后，我们经过了一段时间的刻苦努力，终于在 2011 年 5 月，于美国的纽交所上市，成为纽交所的全球第一家社交网络公司。

我们之所以能活下来，最重要的一点就是坚持，在最艰苦的时候一定要咬牙坚持。我们公司刚开始的时候，账上经常只有两个月的钱，在很苦的时候能够坚持下去，我觉得非常不容易。

现在所有的行业里面，都有很多很坚持的公司，但是我觉得光坚持还不够，比较重要的还有第二个，就是要灵活。我们在非常坚持地干公司的同时，也在几个关键的时候做出了商业模式的改变，如果一直做最开始想的那个模式，到现在肯定死了。因为互联网市场的变化非常快，所以在坚持的时候还要灵活。

要在坚持的同时保持灵活，这就很难了。在企业到了一定规模以后，我们面临的问题跟很多企业一样，都有很大的困难。大家知道，自然界的定律，就是痛恨大的东西，只要是大的东西，自然界都有各种办法让你变小。所以当一个企业发展到一定规模时，自然有各种力量让你无法长大。虽然我们目光长远、想得很大，但这些本来不是我们公司的 DNA（基因），因为我们都是所谓的第二代企业家，我们年轻时都是从苦日子过来的，我们首先想到的是怎样安全地做公司。2008 年，我们开始慢慢建立了这样的想法。在软银 30 周年的纪念会上，孙正义跟我说，软银搞了 30 年，我们刚刚搞了一个未来 30 年的计划，阿里巴巴就搞了一个 102 年的计划，102 年跨越了 3 个世纪。我们仔细分析了一下我们的世界，高科技的行业乃至整个世界在未来 30 年，可能会有哪些变化，可能会有什么新技术出来。中国将在这个行业里面，在这个技术发展上可能扮演什么样的角色，我们公司可能扮演什么样的角色。我们有一个比较长远的目标，我们短期要创造巨大的价值，必须做非常大的生意；要做非常大的生意，必须有非常高的技术。

我最后讲一下无线互联网。我在 2002 年前写商业计划的时候，就把无线互联网写到我的商业计划书里了。过去的几年，因为无线互联网的出现，苹果成了世界上价值最大的公司。无线互联网给我们带来的机遇是什么呢？这个问题很多公司都在思考，在人人网 1.3 亿人的用户里面，有 40% 是用手机上

网，而现在我们赚的钱基本上都是来自 PC（Personal Computer，个人电脑）端。

我相信移动互联网是中国互联网行业很多大公司在考虑的问题，因为在不久的未来，5 年之后大部分互联网用户的时间会消耗在移动的手持设备上。在这上面的商业模式和 PC 端的商业模式完全不一样，比如现在 PC 上非常赚钱的网游，在手机上不可能是一样的形态，收费方式也不一样。诸如此类的很多问题，都需要行业去摸索。但我们也看到了一些潜在的问题，在 PC 互联网的时代，中国上市互联网公司加起来总市值有 2000 亿美元，当然其中的 70% 大概是由头三家公司：百度、腾讯、阿里巴巴创造的，他们赚的都是 PC 端的钱，比如百度可以帮你在浏览器里找到你想要的网站和页面，但是如果仔细看看，你会发现在苹果的 iPhone 里，要去搜索应用的时候，不是在搜索应用里搜索。这就是我所说的一个很大的不同点，苹果从根本上把价值链改变了，它不会让太多本土的互联网公司拿太多互联网应用层上的蛋糕。而谷歌做手机的操作系统，花了那么多的精力，却一分钱不收，一定是想吃应用的钱。

中国百度碰到的两个最大竞争对手，一个是谷歌，一个是苹果。今天我

特别深刻地看到，它们给我们整个行业带来了更多的挑战。事实证明，每一次计算平台在改变的时候，都有大量的创新技术和公司出现，比如第一次计算平台的改变是由大型计算机向微机、PC 改变，当时就有大量的新公司出现，如微软、英特尔等。我认为这一次的革命也是一样，这次革命已经出了两个巨无霸，一个是苹果，一个是谷歌。中国有没有可能也创造出一个 1000 亿美元左右市值的以无线互联网为平台的公司？这是一个新挑战。

历史证明，中国的企业家可能最能坚持、最灵活，而且最善于从贫瘠的土壤挖出宝藏。我坚信，这样的企业家群体里一定有非常优秀的人，能够创造巨大的成功。

（来自 2011 年亚布力论坛夏季高峰会）

持续做好需要坚持

文 | 周成建 美特斯邦威服饰股份有限公司董事长

过去，我们做裁缝的一般都上不了台面。在西方国家，裁缝是一种文化；但在中国，裁缝是工匠，好像是没什么文化的。亚布力论坛是一个思想的聚会，这是我第一次来到亚布力的会场，内心有些忐忑。为什么我们能有今天的成就？同时在想，为什么只做到今天这个程度，而没有做得更好。我为此而思考。

首先，为什么能有今天的成就呢？我个人认为首先要感恩天、感恩地，我这里说的"天"是指党和政府，"地"是指广大消费者。正因为改革开放，才有这样一个充满活力、充满机会、充满激情、充满奋斗的好环境，才让我们有这样的一天；同时有这么好的环境让消费者有钱了，能消费得起我们的产品，这是一个首要前提。

其次，我认为是在于选择。我出生于农村，学裁缝出身，不是没有好好读书，其实是比较笨，没有很好地进入读书的状态。小时候谋生唯一的选择是学门手艺，我学过木匠，学过泥水匠，后来觉得这个活儿不好干，于是我学了裁缝，我认为裁缝这个活儿比较好干，这就是第一次进入这个门槛。后来到了温州城里,大家知道温州的批发贸易非常活跃,我做的批发贸易生意每年也可以挣几百万元。在这个背景下,我就想做贸易能否持续。当时在批发市场上,一天有几个价,有很多不确定的因素,在这个背景下,我选择去做品牌。

1994年我选择了做品牌,于是,1995年第一家店开业。其实,那时我们对品牌的理解非常浅。我当时到上海购买了一件在上海很有品牌影响力的衬衫,所有人都说这是名牌,太了不起了。就这样一个简单的启发让我有机会创造一个品牌,这让我觉得很有价值、很有自豪感。

从1995年开店以来,一路走得并不那么顺利。到2001年,企业才开始有利润空间,在这个过程中又面临一个很大的选择,就是用什么方式去做才能做得更好、更大。2001年,我提出一个梦想,要做百年品牌、百亿企业。在这个过程中,我用了一个简单的逻辑来思考:第一,能否把中国主要一线城市纳入我们的零售方案;第二,在主要的商圈开大型旗舰店。基于这样的想法,2003年,我们在上海南京东路步行街上开了一家店,没想到第二年开始就盈利了,那一家店光租金就是几百万元。有了这个过程,才有今天我们在全国市场的布局和发展,同时实现了百亿企业目标。我们当初提出要在2012年实现百亿,但这个目标在2010年就已经实现了。

有了这两个关键转变,美特斯邦威才有机会走到今天。我们是否已经真的功德圆满了呢?其实在整个竞争环境中,我们还不够好,至少今天在座的企业家很少在穿我们品牌的衣服,这说明我们今天做得还不够好。这就是我要讲的第二个话题——只做到今天这个程度,没有做得更好。

第一,我认为我们的企业战略和品牌定位不够清晰。当初从事这个行业只是自己的想法,没有很清晰、全面的战略目标,更没有很明确的品牌定位意识,也没有做好细分市场的定位,特别是在业务模式上,更没有很精准地找到具体的办法。同样,在市场运行过程中,也有不同的方法,比如有品牌商的模式、零售商的模式、制造商的模式、渠道商的模式。中国目前大多数企业都是模仿耐克、阿迪达斯做品牌商的模式,但是竞争力的内涵是什么,其实自己也没搞清楚,往往50%的企业选择了零售商。而既做零售又做品牌的企业,从目前来说只有美特斯邦威,从全球来看也只有美特斯邦威,其实在这个过程中我们也没有很好地弄明白、弄清楚。

第二，人才战略。我是做裁缝出身的，在组织建设、队伍建设方面，我更是缺乏经验。因为在如何构建一个既职业又专业的决策机制和决策团队，如何让我们做老板的也变得更加职业、更加专业方面我们缺乏相关经验，所以在商业范围内才没有做到更好。

围绕这几个方面，我们下一步应该怎么做？在此跟大家做一些分享和交流。

第一，要进一步清晰我们的品牌战略和定位，去实现一个更加伟大的企业、更加全球化的企业，这是非常重要的。我们在亚布力论坛的夏季峰会上谈了文化，"没有文化的企业是不可持续的企业"，对此，我既同意，又不同意。我认为只有做到满足消费者需求的企业，才是可持续的企业。不仅要实现满足消费者的已知需求，更重要的是要满足消费者的未知需求，这是一个品牌定位的问题，我们心中要始终有数。从今天来看，一个新的商圈或主流、时尚的主题，都是以国外这些品牌为主导，作为中国人，总不能让他们为所欲为地来引导中国人的时尚概念，我们中国人应该更了解中国人的时尚需求，更能满足好中国人的消费需求。这是我的一个目标和梦想。

第二，我们更需要实现更加高效、快速的供应链管理体系。我们中国的零售行业大多数还处在一个传统的供应链概念中，我们还是把它设定为最多第一次消耗品的定位。今天的时尚是速度的，因而时效性非常重要，在这个方面我们更得加强。

第三，要组织好团队的建设。首先，作为老板，要变得更加职业、更加专业；其次，我们要有职业的决策机制；最后，还要有既职业又专业的决策团队。我一直强调，在中国当下的环境中，职业和专业结合的老板是最好的老板。因为我们还处在一个快速增长、需要不断创造新机会的时代，这种情况下，只有创始人、老板能承担起这个风险的责任。这也是张维迎教授讲的，做一家企业，就要承担起社会责任。因为中国的法制和社会信仰是缺乏的、不完整的，只有企业创始人能把社会能力真正承担起来，因此，在这种背景下，要把职业和专业结合起来才能真正做好。

此外，虽然我们今天没有走出国门，但在中国其实也面临着全球化的竞争，因为想要持续成为中国第一，就必须会把自己打造成世界第一，才有可能持续成为中国第一，否则，你很快就会被淘汰。

最后做个简单的总结。

第一，我认为持续做好需要坚持。中国缺乏的是一种坚持、持续的发展。我们在亚布力论坛夏季峰会的文化论坛上也说过，任何东西都需要时间。美国的汉堡包这么不健康的食品，世界各地的人都在吃它，而且还成为中国家庭给小孩子的奖励；星巴克的咖啡并非最好，全世界的人都喜欢喝，都认为它很有品位，这就是靠坚持和持续做到的。第二，持续的管理创新。第三，模式的创新。持续的管理创新和业务模式创新非常重要，比如互联网，我们10年前看到更多的是互联网媒体；近5年看到更多的是互联网电子商务；现在看到更多的是互联网社会。我们处于这个实与虚相结合的时代，所以要想方设法进行模式创新。第四，今天我们面临很多不确定的因素，在这些不确定的情况下，我们要做好应对机制和策略，只有这样我们企业的发展才能更持续、更健康，只有这样才有可能造就伟大的企业，造就世界性的企业！

（来自2011年亚布力论坛夏季高峰会）

他们的历史使命

组织架构与预见性

文 | **沈南鹏** 红杉资本中国基金创始及执行合伙人

在美国，不管是斯坦福还是其他学校，都有一个重要的特点——开放的心态。学生能够有机会或有开放的平台去挑战权威，这可能就是美国教育和中国教育很不同的一个地方。这也是斯坦福精神很鲜明的一个优点，因为斯坦福与整个行业结合特别紧密，创造了很多的新思维，同时，学生的创业精神和挑战传统思维的意识非常强烈。

关于斯坦福的两个故事

我讲两个小故事，因为它让我深深体会到斯坦福精神。第一个故事，是关于我们团队里一位成员的故事，他以前在德意志银行工作，加入我们基金之后，主要做 PE 类的公司，后来他说想去斯坦福。我说非常好，希望他念完以后还能回红杉，于是我为他写了推荐信。后来，他幸运地进入了斯坦福。一年以后，我见到他时，问他未来的职业选择，他说要做风险投资，不想做 PE 投资。我问他为什么，他说在学校发现做风投更有意思。我说，你没有做过 BAT（百度、阿里巴巴、腾讯），你做这个不行的。我让他再想想。在他毕业前几个月，我来到斯坦福再次跟他见面，问他的想法。他说不想做风险投资了，想做一个创业者。我问他要创业做什么，他说要做游戏。我说游戏跟你曾经的经验没有关系。他说，不，最近几个月，一直在跟好友了解这个市场，做了很多工作，与做游戏的相关工作人员都很熟。最后，他在毕业时给我打电话说，沈总，我不回来了，我去创业了。他说在斯坦福，十几个学 MBA 的人里面有超过一半的人去创业了。

这就是一年以前的事情。其实，他的家境非常富裕，从小得到的是非常传统正宗的教育。但是我感觉斯坦福在他身上确实打上了一个烙印，不管他今天的创业是否能够成功，我认为他的这种创业精神主要来自他在斯坦福的经历。这非常可贵。

第二个故事是关于 5 年前，斯坦福 MBA 一个学生来红杉做实习生的故事。我们一般对实习生不会有太多期望，就是让他们打点杂，做点研究，但他与众不同。他说看到一个斯坦福校友非常有意思的商业计划，要传给我。然后他在我们团队里自己做研究，做了一页文档的简单介绍。第一次讨论时，这个项目被我们"枪毙"了，尤其是被我"枪毙"了，我说肯定没法建立这个商业模式。他没有放弃，没有气馁。他重新做了很多工作，并且拉着我们的另外一个合伙人做了更多调查，两周以后，他重新回来说我们认为这个项目应该可以。第二次的讨论，我们很严肃，最后，我们决定再花点时间在这家公司身上。两个月以后，我们决定投资这家公司。多年以后，就在上一周，

这家公司正式向美国递交了上市申请。我相信，在这位实习生身上恐怕也打下了很深的斯坦福烙印——在合伙人面前，敢于把想法说出来。很多美好的事情、很多优秀的投资、很多成功的事例，可能正是在这样一种不经意中产生的。

最重要的是观念创新

我认为，创新最重要的还是观念创新。很多人谈到创新就会说要重视产品和服务，但其实很多公司没有想到一个问题，就是要关注用户体验。比如，小米为什么成功？美团网为什么成功？它们就是在组织架构上，与传统的服务和制造业公司有着根本性的差别。它不是通过公司传统的考核来判断一个产品应该如何生产，而是确切地把用户体验作为整个组织的架构中心，这点很重要。仅仅拥有产品上的优势没有什么用，一定要在组织架构上有改变，包括我们自己。

红杉是风投基金，现在也做 PE。我们的挑战在哪里？比如，我看到八九年来，我们的组织架构发生了很大变化。最初，我们是和最资深的合伙人走在一起，大家根据自己的一些关系找一些项目来做。后来发现这种方法不能长久，我们需要更多的行业梳理，于是招了很多新人加入团队来帮助我们成长。但团队里的新人多了，就面临一个问题，即反应机制又变慢了，15 个人和 4 个人是不一样的。我们的客户是谁？就是这些创业者，他们需要我们做出快速反应。他需要钱，这与成功企业家不同，成功企业家一两年才需要接受 3 亿~5 亿元人民币投资。但创业者所需要的 100 万元投资，需要你在一周内做出最快的决策。这时，在 15 个人的架构下，如何做出最快的反应？我们用了很多方法，说实话，今天我也没有最好的答案，但我们至少每天都在思考这个问题，我们一直在问自己：我们最重要的客户是谁？当然我们的投资人是重要的客户，然而更重要的是被投资的企业。我们如何适应它的要求？我们一直在思考，如何简化我们的程序。投资意向书文件能否做到一页？恐怕这是能够让你跟创业者最快达成协议的最好方法，能够帮助企业最快解决资金上的问题。这是组织架构上必须思考的问题。作为一个基金，也必须不断变化，这是第一点。

第二点，作为一个企业，必须不断创新，而且要有预见性。如果一直待在原地，很快就会被淘汰。很多企业都有过类似的遭遇，没有在实践中进行改革，不是因为他们太懒了，而是因为很多情况下大家对未来变化的预见性还不够，任何一个企业，不管它有多成功，都必须对自己这个行业的未来做出一些预见。这个预见未必精准，但你必须有这样的能力。

我算是一个非常"愚蠢"的预见人。2005年，我离开携程去南通政府谈呼叫中心，希望南通政府能给我们支持，政府官员们希望我们在当地做得越大越好。他们问我，将来呼叫中心会有多少人，我说根据发展趋势，几年以后是几万人的规模。我讲这话时，一点没有想到将来可能存在的问题。后来在路上我就想，如果哪天互联网的比例越来越高，我们难道还需要几万人吗？这就是思维上很大的问题。我应该预想到呼叫中心在那时候很重要，但总有一天会被互联网直接交易所代替。如果你没有预见未来，总有一天会在未来碰到麻烦。确实，我们也经历过这样的过程。2010年、2011年，我们过多依赖呼叫中心，没有想到互联网会来得更直接，尤其是移动终端来得太快了，当你再去做改变的时候，还有很多的坎儿需要过。这是一个非常好的教训，因此，作为一个企业的高管，你必须时时刻刻去思考，未来的世界会怎样，你的生意还是否会存在，你的生意应如何改变。我想，这也很重要。

（来自2014年亚布力论坛中美会议）

低碳经济与我们的责任

文 | **王小康** 中国节能环保集团公司董事长

中国节能环保集团公司是一家中央企业，也是中央企业里唯一一家将主业确定为节能减排和环境保护的。从我们掌握的情况来看，目前我们公司的规模和影响在这个领域的细分市场里是中国最大的，就专业程度而言在全球也是最大的一家公司。我希望大家能够了解，在中国有这样一家企业，专业从事着节能减排和环境保护，其对国际、国内都有重大的影响。

我们主要的业务有三大块。

第一块主要业务是在环境保护领域。我们是中国最大的污水处理企业之一，每天的污水处理量和城市供水量达到 700 吨。另外，我们也是中国最大的城市垃圾处理商，主要的处理方式是垃圾发电和垃圾填埋等。同时，中国节能环保集团公司是中国最大的沼气以及城市其他废弃物处理商，每天的处理量占全国的 10% 左右。

第二块主要业务是在清洁能源和清洁技术领域。这几年主要是风力发电、太阳能发电、水力发电、煤气发电以及农村的废弃物秸秆发电等。现在我们也在开发海洋能等一系列清洁能源发电。另外，我们还有一个体系，就是投资非常优秀的具有清洁技术的企业。

第三块主要业务是在节能服务领域。我们主要为高耗能、高污染企业提供全方位的处理方案，如利用余热发电等，另外，还涉及节能建筑。我们拥有数量最多的节能环保工业园区。

在中国正在步入现代商业文明之际，亚布力论坛提出"现代商业文明"的主题也非常适宜，对中国商业具有积极作用。中国特色社会主义市场经济应该有什么样的背景？从市场经济的角度而言，我认为应该研究现代商业文明。但是我们今天所处的阶段还没有达到真正的高度商业文明阶段。

中国企业家应该深有体会，当今社会对企业家的关注和期望从来没有像现在这么高，人们对企业家的认识也从未达到过今天的高度。这说明，企业家今天在社会上具有强大的影响力，企业家是社会进步的重要推动力量之一，因此亚布力论坛把企业家思想力也作为议题提出来，非常有意义。

中国企业家应该具有怎样的特质？我们企业家应该具有独特且深刻的思想力，通过这种思想力的影响和推动，使我们能够尽快进入现代商业文明。因此，企业家有不可替代的作用。我认为企业家的思想力有三种：一是对当今市场经济以及全社会有独到的观察，有深刻的理解；二是在这样的观察、理解上充满着激情和想象力；三是在这样一种激情和想象力的推动之下，在伟大的梦想指引之下，有着将自己的梦想和目标付诸行动的思想动力。

思想力应成为企业家的一个基本特质和素质。回想过去的30年、20年、10年，企业家的社会形象在逐步转变，在社会中的地位也逐步转变。30年前可能没有企业家，甚至10年前也没有突出的企业家形象，这是由历史的原因造成的。但今天，企业家越来越被人们认可。虽然，中国企业家由于各自所处的环境不同、资产信息不同、领域不同，大家都有着自己的不同特点，但思想力应该成为当代企业家的特质。

我是一位中央企业的负责人，对我来说，国家利益是大动脉。像我这样的企业家，与众多为社会做出重大贡献的企业家和其他社会精英们一样，即便我们不是完全意义上的企业家，我们也应该考虑和研究自己的思想力，这应该成为企业家的责任。思想力应成为企业家的原动力，应成为企业家的软实力。

社会大众对企业家的期望值越来越高，对企业家的要求也越来越多，这是中国当代企业家与国外企业家面临的不同问题，我们承担着更多的社会责任，承载着更多、更沉重的担子。为了能够承担这样的担子，推动社会进步，推动现代商业文明的尽快到来，我们需要进一步提升自身的思想力。

我们的思想力是什么？身处节能环保领域的我，一直都把精力倾注在节能降耗和推动生态建设上。我发现我们面临着三个严重的问题。

第一，关于气候变化和低碳经济。我认为，我们对于低碳经济的认识不是很深刻，甚至不是很正确。"低碳"二字是近两年中央领导才开始使用的，过去未出现过，特别是随着气候变化的现象进入公众视野，"低碳"二字越来越被着重提出。但气候究竟是变冷还是变热？人们对此心存疑虑。联合国政府间气候变化专门委员会（IPCC）在其报告中提到了气候引发的重大变化，但一些由科学家成立的"非政府间国际气候变化专门委员会"（NIPCC）似乎与之针锋相对。气候变化是由人类活动引起，还是由许多其他的因素引起？我想告诉大家，气候和环境的确在发生着变化，生态也在发生变化，而这些变化是不利于人类的生存和发展的，这点应该成为我们的共识。

在政治领域不用多说，环保已经成为国家层面的重要工具。在经济领域，我希望企业家们高度关注低碳经济，发展我们的低碳经济。未来的气候趋势可以留给科学家去论证，但作为企业家，一定要帮助加快低碳技术的发展变化。

第二，关于节约能源。所有国家都在提倡节约能源，但在我们中国节约能源有其特殊性。我们有一个重要的观点，这个观点不一定成熟——能源30年一转换。第一次能源转换是从烧秸秆到烧煤炭，第二次是从烧煤炭到烧石油，第三次是从烧石油、天然气到新能源。每一次能源转换都标志着一个工业化时代新阶段的到来。我们中国今天同样存在着三个转换，因此在节能问题上我们必须充分考虑这三种能源转换的利弊。

第三，关于减排。大家知道，西方国家的许多企业是从事碳减排的，中国有许多企业需要减排，需要大规模地改善，最典型的是减少二氧化硫的排放。在气候变化面前，我们中国面临更加复杂的问题，面临更大的减排目标。中国提出，到2020年，我们的非化石能源的消费总量要达到10吨，但实现这个目标极其艰难。

美国总统奥巴马讲的一句话应该受到高度重视：即使对气象分析保持怀疑，但是提高能源效率和建设企业对美国发展来说也是正确的方向。未来哪个国家的经济是清洁能源经济，哪个国家的经济就能引领全球经济。所以新能源在未来的全球经济发展中至关重要。

我们的新目标是，2020年每单位GDP的二氧化碳排放将比2005年减少40%~45%。想要实现这个目标，非常艰难。大家一定非常惊讶，这些数字将要带来的是中国经济结构的改变。现在"十二五"规划里也说，单位GDP能耗要5年下降20%。所以从现在起，我们必须专注新能源的建设，这样才能实现我们的目标。我们必须充分专注于工业领域的节能减排和资源的充分论证，讲求一次能源的能耗降低和能源的有效利用。

最后，希望企业家们高度关注生态环境、环境保护，在这方面联想出一个伟大的工程，并且要为了实现这个伟大的梦想而奋斗。

（来自2010年亚布力论坛夏季高峰会）

用中国智慧进行能源革命

文 | 王玉锁 新奥集团董事局主席

自 2008 年金融危机以后，以美国为首的各国政府都在寻找拉动新一轮经济的增长点，大家不约而同把目光落到了新能源上。新奥集团从 2004 年就开始做新能源，到现在有点恰逢其时的感觉。

自从开始倡导新能源，很多专家、企业家都在讲能源革命，"十二五"规划中的能源篇也提到——推动能源生产和能源经济方式的转变，建立能源的新体系。大家是否知道能源革命要往哪个方向革命？如何去推动我们能源的生产方式和利用方式？新的能源体系在哪儿？很多人，包括做能源的人都在问我。这些问题很重要，如果搞不清楚这些问题，我们讲了半天的发展，都不可能真正去发展，还是仅仅在点上、片段上做文章。"十二五"规划讲得很好，但是接下来还是煤有多少、石油有多少、电有多少，后边加一个小括号——可再生的能源是多少。这是新的能源体系吗？这是什么方式的转变？都不是。

如果我手里有大把的资源，可能我也就是个"强盗"企业。新奥恰恰是想做能源又没有能源，怎么办？必须另辟蹊径，一定要思考和努力，一定要摸爬滚打，最后才有可能探索出一条路。

我给大家对新奥做个简单介绍。首先，我们未来的能源体系简单地讲分为两部分：一部分是能源生产，另一部分是能源利用。

能源生产未来是化石能源和可再生能源的循环。现在有煤，有油，有气就能挣钱，但这种简单的能源存在形式真的不利于环保，不利于效益。而作为一个新能源企业必须想到在现有的基础上对此进行一些创新，最后的结果就是把化石能源和可再生能源循环起来。

怎么循环？以煤为例，大家都知道它可以发电，可以做气。大家想象一下，如果煤不需要再用火车长距离运输，不需要那么大的卡车拉着压我们的高速公路，而是将它就地转化成气和电，地下铺设管道，天上架电线，在这样的煤转化过程中，气电联产效益将最高。与此同时，煤在产电和气的过程中会产生大量的二氧化碳，而我们国家西部地区比较贫瘠，有荒漠，而恰恰荒漠土地的生物能源就是肥草，有二氧化碳、水、种子，草就可以生长。这样既可以把二氧化碳吃掉也可以产生液体能源，所以将来的汽车有可能使用液体能源作为动力。一举三得——得气，得电，得生物能源，大家会问，既然这么好你为什么不做呢？其实我们正在做！

能源利用是新奥的专业。我们在做天然气的时候发现天然气本身的效率不是最高的，将其与电和气结合在一起效率才是最高的。发电的同时就可以产生热，如果我们把这个结构做得很好，将整个网络融合在一起，那么它就可以实现非常完美的东西。这个完美需要几个核心技术的支撑，泛化机、泛化站、泛化云服务平台。

今天我再围绕"强盗理念"讲一下，现在销售能源的企业，不管是跨国公司，还是咱们国有企业，都一样是"强盗式"销售。有什么就卖你什么，想涨价就涨价，是很强势的销售方式。而如果这条体系建立起来了，买卖的关系就反过来了，就由原来的卖方为主导改为买方为主导，因为将来每家都有气、电、热。若用泛能云技术把所有的能源串起来，就是用户想用什么就用什么，哪个便宜就用哪个，哪个时段想用就哪个时段用，因为能源有时间的效率。总而言之，我认为这条体系马上就会变成现实。

讲完这个以后大家可能会问一个问题，你讲得挺热闹，美国人做得怎么样？我们能做出来吗？我告诉大家，美国人真的做出来了，美国人做的是智能耦合，欧盟做的是能源联络网。中国做的是泛能网，完全是有化学反应，不是简单的物理体系，我们跟他们确实不一样。我们做的依据是什么？我觉得这是我们中国的智慧，或者中国文化的优势。我们中国人的系统思考能力强，两千多年前我们的老祖宗讲了一句话，"天有其石，地有其材，人有其智"，后人用他的智慧把天、地、人合在一起。天上有太阳能、风能等，地下有煤、油、矿，通过人把它们串在一起才是效率的最佳。

提起能源革命，我突然想起马云的一句话，他说建设性破坏要比破坏性建设好得多。我们的能源革命可能也是在继承我们传统能源优势的情况下，通过我们中国人的智慧把它变成一个高效、环保的新能源。

（来自 2011 年亚布力论坛夏季高峰会）

打造智慧城市，使中国成为创新型国家

文｜郭　为　神州数码控股有限公司董事局主席

世界上什么机构存在的时间最长？一个是教会，另一个是学校。我认为一个企业要想做长久，首先就得琢磨为什么教会和学校能活得长，很重要的一点是因为教会和学校都承担了很重要的社会责任。如果企业在社会发展进程中看不到自己的社会责任，那它就是一个短命的企业，一个只是赚钱的机构，不可能活得很长久。因而企业的价值体现首先在于为社会承担责任，其次在于企业的创新能力。对此，我们探讨过很多次，企业怎样才能将创造价值与承担社会责任联系起来。企业如果找到了自己的社会定位，一定能够找到自己的社会价值。

未来，企业将怎样变化？新的商业、新的产业将怎样发展？我看过一个报告，报告中说，2015 年中国的城市人口会第一次超过农业人口，到 2030 年中国的城市人口将达到 70%。我们在研究这个问题时也看到了这点——城市化的进程究竟会给我们企业带来什么样的商机。

从哲学意义上讲，人就是要解决三个问题——人与自然、人与人、人与自我。人与自然就是要解决可持续发展。人与人就是政府管理也好，人际关系也好，这种组织机构要变得和谐，所以现在讲和谐社会。人与自我就是提高幸福指数，不管你干什么，反正你得幸福。印度旁边的一个国家叫不丹，其 GDP 可能不是很高，人均收入不是很高，但是幸福指数很高。有钱也好，没钱也好；GDP 也好，人均收入也好，一定要把幸福的问题解决好。

我们做产业的也是从城市的发展过程中寻找机遇。寻找下来，我觉得智慧城市可能是一个很重要的新产业和新商机。前两年大家经常说云计算，云计算确实给今天的经济发展注入了非常大的活力，它从一个更高的高度去做。当然，大家不要把云计算想得很复杂，用一个例子可以说明什么叫云计算。我们平时都发短信，这个短信一定是和手机对应的，且只能用这一种设备来接收。而外国人喜欢发邮件，因为它可以在不同的设备上取得。这是什么？这就是云计算。就是你的信息在云端，你可以通过各种各样的设备和手段获取。互联网给人类带来的绝对是一场革命。也就是说人类在现实的物理空间之外产生了一个虚拟空间，而我们能不能占领这个虚拟空间，能不能利用它去发展一些新的东西是非常重要的。所以智慧城市实际就是用虚拟空间的技术来指导我们现实空间的生存环境。

比如我们向北京市提出了交通智能解决方案，可以减少整个交通容量，使人们更方便。比如韩国首尔提出到 2015 年有 1/3 的人口足不出户、在家办公，就是解决交通问题的一种方式。那靠什么？靠互联网。

智慧城市可为一个城市带来三样好处。

第一，解决现实的城市管理，就是解决怎样使这个城市现代化得到一个很好的改善，而且无论是政府管理还是公共管理都会得到非常大的改善。

第二，在改善的过程中创建新的产业，就是改变我们的增长方式，用广东话讲就是腾空换地儿。张维迎教授讲怎样做到第一流的企业，第一流的企业就是创造新的商业模式。而这种新的商业模式并不一定要有牛顿、爱因斯坦这样的科学家。最现实的例子就是苹果公司，苹果有什么发明吗？没有。它就是拿出一个产品，正好就是消费者想要的东西，而我们的很多企业往往远离了消费者的需求。要想解决可持续发展问题，就得通过智慧城市延伸出很多新的战略产业，包括智能交通，这样才会产生新的服务业。

第三，郑永刚先生讲了，搞中国硅谷实际是做产业群，就是产业的聚集群。一个城市如何围绕一个主体去产生一个产业的聚集群，通过这个群改善一系列环境。我想我们的智慧城市就是要做这三个方面的事情。所以我们要为政府提供新的、在虚拟环境下解决现实问题的解决方案，我们要在这个过程中帮助当地政府孵化新的战略产业，形成上下游的产业聚集带，形成一个良好的发展区。

第四，我们从投资角度来看看 IT 行业的发展。苹果手机上今天有 40 万个应用就是一个最简单的例子，从某种意义上说这就意味着可能有 40 万个小企业为它提供应用软件。因此，中国要改变增长方式，而这正是我们现在所遇到的一个大问题——只有靠创新才会产生很多新的商机，才会产生很多新的产业。希望更多投资者、更多企业同人去关注一些虚拟空间下的新技术发展，因为它们会为我们整个中国增长方式带来改变，为中国真正进入世界强国而起到非常大的作用。中国如果不能转变成一个创新型的国家就永远不可能成为一个发达国家，非常希望企业界同人能够共同努力，真正把中国做成一个创新型国家。

人文精神助推梦想起航

20 世纪 60 年代的人所受的教育目的就是让我们成为有责任感、有使命感的人。后来我们总结什么叫使命感，使命感就是把别人的事当作自己的事来办。我觉得这个使命感在我们身上的体现就是"第一个中国梦"——始终就在想当我们中国人走在世界各地的时候，怎么能够让别人像尊重欧洲人和美国人一样尊重我们。20 世纪 80 年代的时候，我记得大家一毕业第一选择就是出国留学，为什么出国留学？大多数选择出国的人就是觉得好像中国的环境不适合自己的发展。到了 90 年代末期，很多人又回国来创业，他们发现其实自己的根还是在中国，因为没有中国的崛起、中国的发展，实际上你在世界上任何一个地方，其实都难以得到别人的尊重。

计算总公司当年在中关村是一个小得不能再小的公司了，在中关村第二条大街办公，四通科海那时候还在中关村第一条大街办公。我就记得当时我的老板柳传志先生招聘我时的情景，其实正是一句话让我当时觉得应该跟着他一起干。那时候大多数人都去留学，他说郭为，你留学出去不还是给人家刷盘子、洗碗，然后去读书吗，我们一起来做企业，把我们的企业办到世界去，那时候你得到的尊重是完全不一样的。所以我觉得，实际上当时就是被

这样一句话激励着，那时候我也想做一些和别人不同的事情。所以这是我的"第一个中国梦"，就是中国人怎么样能在世界范围内像欧洲人、美国人一样受人尊重。

但是今天我觉得我们仍然没有得到尊重，这无关财富，我觉得真正的中国人确实需要提升我们自己的科学素养和人文素养。刚才吃饭的时候，沈南鹏讲到，他们公司在美国有两个大的基金——红杉和另外一个基金。另外一个基金在过去 10 年里投了新能源，现在不行了，他又改投互联网了。其实我觉得这就是一种科学素养的体现，就是你怎么来看未来科学的发展方向。2010 年在武汉演讲的时候，我就讲科学发展观其实是由三个革命来完成的。第一个是原子革命，就是我们传统讲的能源革命。第二个革命，树新讲是互联网，其实是比特革命，就是信息，一个是有质量的，一个是没质量的。今天我们所处的这个年代就是比特的年代，你所有的东西都必须跟互联网结合，你不跟互联网结合最终就一定会被淘汰。第三个革命，刚才我讲是基因的革命，就是比特加原子，是有质量又有信息的传递，你的小孩为什么和你长得像，就是基因传递了你的很多信息——不仅有质量，而且有这些基因。所以第三个革命可能是生命科学，所以今天我们一定要提高自己的科学素养。

刚才讲到如何看待社会科学的问题，确实，你用什么样的方法、什么样的体制结构去分析它，是非常重要的。这是科学精神，而文艺复兴实际上也是在科学精神的引导下产生的一场伟大的人类思想解放运动。头两天我们亚布力论坛这边发的一个启示，正是娄启泰关于人文精神的启示。娄启泰给台湾大学法律系学生讲课的时候讲到过人文精神，我觉得在今天的社会里很多人仅有科学精神没有人文精神，而我们理工男都感觉有点儿呆呆的、傻傻的，确实需要一种人文精神给整个世界增添更多的柔性。我觉得如果中华民族的每一个人能够真正把这点做好，中国就能够走向世界之林。

关于人文精神，我举一个特别简单的例子。几个月前我跟两个日本的老夫妇打球，在打球过程中，因为我们那个球场没有球童，人家两个老夫妇拿着沙袋，每打完一下就填一下沙子，这种道德感的存在让我们这些人看了之后真是汗颜。当我们真正在世界上站到一个高度的时候，我想就不需要讲那么多了。这是我讲的第一个问题。

第二个问题可能跟我目前所熟悉的工作有密切关系，我经常讲智慧城市，我们很多企业家一听我讲智慧城市可能就烦了，也不知道我讲的是什么。其实我所讲的智慧城市是有另外一层含义的，因为在互联网时代，整个社会进入一个透明的社会，这个透明的社会如果从物联网的角度来讲，就是所有的物主都在一个可视的环境下，人与人的关系也在一个非常透明的环境中。在这样一个透明的环境里，人类的进步，特别是针对中国，其实具有更深层次的含义。1919 年五四运动中讲"德先生""赛先生"其实就是希望进一步改进整个中国社会的制度，加快其通往世界现代化的进程。而互联网是一个千载难逢的机会，它会使得中国真正地进入现代化国家，所以我们要在智慧城市里搭建公共信息服务平台。我们在佛山做实验的时候，为佛山市老百姓提供的服务是 2500 项，我们把这 2500 项服务转到互联网的环境里，使得老百姓和政府之间的沟通通过网络来完成。它的好处是：第一，你不需要再面对"话难听、脸难看、事难办"的处境，因为所有的东西都是可记录、可追寻、可问责的；第二，也使得政府所有的服务处在阳光下，每一件事是怎么做的，大家在网上都能够看得很清楚。所以说技术的手段仍然可以帮助我们去解决很多问题。今天微博已经成了反腐的重要利器，但这还是一种个别现象，如果我们能够把它纳入体制内系统的环境下，这就是树新讲的科学教育，我们用系统的方法，而不是点的方法，把所有的东西纳入法制的环境下而使它透明化，使社会成为一个完全透明的社会，我想人类的进步就会更大。而对中国来讲，我觉得我的梦想就是要靠 10 年乃至 20 年的努力，通过科学的力量来推动整个社会的进步而这确实不是为了挣钱。这也就是我的第二个梦想。

当然，从商业的角度来看，这里面会产生巨大的输出，因为我们会针对每个人的服务、每个企业的服务以及政府的服务提供一个公共的服务平台。

第三个问题，当然从梦想的角度来讲，我是以中国科技大学（以下简称科大）为荣的，这不仅仅是因为我们有这么多优秀的校友。我们都知道王坤在40多年前得过诺贝尔奖，刚才张校长又讲我们的潘教授近些年来特别是在通信方面取得了卓越的成就，今天我们所有的宽带全是基于网络类技术，而且我们现在的光通信技术，实际上会使信息技术革命有一次更大的进步，这对人类社会的进步真的是非常重要，而它产生于我们科大年轻的27岁教授，这是一件非常可喜的事。所以我希望在未来的发展中，还要有更多的校友去努力实现更高的价值。

还有一件事情我也特别感动，应该是"70后"的3名科大校友，他们是同班同学，毕业后3个人同时进了国内的某个大公司，一个搞研发，一个搞生产，一个搞销售，两年之后3个人同时出来重新创立了自己的企业。到今天不到10年的时间里，这个企业已经在中国的信息安全领域是排头兵了，我相信在不久的将来他们一定会成为中国这个领域里的领先企业。王石说希望我们科大有更多的企业家，确实科大很难培养企业家这个队伍，因为它缺少人文的环境教育。但确实从这3个孩子身上，从年轻人的身上我真正感觉到，未来我们一定会有很多优秀的企业家从科大走出来，因为这3个人就是一个很好的榜样。他们3个人已经合作了10多年，很不容易，他们在毕业之前就设计好了，一个人去搞研发，一个人去搞生产，一个人去搞销售；然后在这个公司里面3个人的穿衣风格也是一样的，一起走过了10年的时间，这个公司叫"深信服"，在深圳做得非常好。

（来自2011年亚布力论坛夏季高峰会）

中国文化引领中国制造

文 | 谢 明 泸州老窖集团董事局主席

16 世纪，正是由于文艺复兴，人民开始崇尚自由，从而出现了欧洲工业革命。19 世纪，正是由于美国崇尚的自由、公正和个人分布的文化引领了美国的创造，让美国迅速崛起，而日本、德国的精益求精让他们在全球受到消费者的尊重。20 世纪，中国的文化应该承担起创造的实力，这就是我想今天跟大家分享的感受。

中国走向世界，需要打造"中国创造"。改革开放以来，我们及时抓住了全球经济发展的实际，充分利用了土地、劳动力的低成本优势，主动承办发达国家的产业转移，已经有很大的经济增长，现在中国已经成为最大的出口国，这期间中国取得了不错的经济发展成就，在电子产品方面出现了知名的品牌。但是我们不得不面对一个非常尴尬的现实——我们现在是制造大国、品牌小国，并且"中国制造"已成为低端制造的代名词，与世界高端无关。我们现在的产品90％都是贴牌，10％以下的产品没有知名度，缺乏附加值。

当我们不算富裕的资源和廉价的劳动力在自身付出惨重环境代价的时候，我们怎么办？最具核心竞争力的经济都是和最具创新力的文化结伴而行，欧洲引领世界及美国引领世界的时候，都有宏观的经济理论传递着文化基因。中国如何引领"中国创造"，进而影响世界？我们需要转型，我们需要自主知识产权，我们需要自己的"中国创造"，我们需要从缺乏自主产权到拥有自己的品牌。胡锦涛同志曾督促我们，要有自己的技术和品牌，坚持自主创新，强化研发能力，加快打造我们自己的跨国品牌。

当然，我们也在经营我们的思想，开始勇敢地探索出"中国创造"。

滋生"中国制造"的是中国文化，如何打造让世界认同的中国品牌？它需要中国文化来引领这个转型，引领品牌的建设。其实，全球化建设就是人文流动的过程。中国文化五千年历史的沉淀是赋予中国企业打造国际品牌的精气神，中国的产业从丝绸到陶瓷再到酒业，具备全球最知名的技术，却没有自己的知识产权，致使其沦为全球带工业基地。作为中国最悠久的陶瓷，我们没有把自己的陶瓷技术和历史发展结合起来，没有形成行业，反在工业陶瓷、卫生陶瓷上还可以；在丝绸方面，我们没有丝绵；而中国的白酒就是因为借助了中国的文化，所以具备强大的生命力，是永远具备自主知识产权的产品，正因如此，茅台、五粮液、泸州老窖在行业中起到了龙头的作用，在行业当中激发了新的生命力。

如果说法国的红酒传递着法国人的浪漫，那么中国白酒就寄托了中国人的情感，所以从"中国制造"到"中国创造"，就是让产品实现对物质到精神的双追求。人类精神的追求就是借助文化的升级，可以说文化是人类的进化器。另外，中国的文化需要企业家。改革开放以后有一大批的明星企业家，有些归于平静，有些默默耕耘，中国经济在高速发展以后，需要企业家的思想力和精神。因此我认为，推动精神创造需要保护消费趋势，面对当前的趋势，各个国家都在振兴经济，刺激消费。从"中国制造"到"中国创造"，必须解决中国消费的问题，一方面要注重品质品牌效应，另一方面要重视文化的作用。中国创造必然在满足消费的情况下诞生，而洞察消费文化是我们观察力的重要体现。

打造"中国创造"需要中国企业家的责任。中国经济正在面临转型，这个认识是长期的，媒体上有些报道是负面的，但是不会影响我们打造中国品牌的责任。咱们企业家具备这个责任，不是能捞一点是捞一点，不是只管当前不管未来，我们必须培育有责任的企业家。在中国的文化当中，我们看到了儒商、儒意，这就是我们儒商的以义取义，所以一个"儒"就代表了对行业的最高要求。

所以打造"中国创造"的局面，需要当代企业家的共识，"中国创造"需要有一大批有责任、敢于担当的企业家。中国文化将比西方更具有中国性，中国现在作为最大的制造王国，已经逼近底线。展望未来，"中国创造"将成为历史的必然，随着中国经济的发展，中国文化可以受到越来越多的来自全球的重视，中国文化也必然引领"中国创造"走向世界。

如今，孔子学院在全球兴起，汉语热在全球升温，随着中国文化的全球传播，民族自信心得到迅速提升，而深受中国传统文化影响的民族文化习俗也将成为未来的消费习惯。中国白酒正是在中国文化传播中向前发展，并被市场所接受，而且中国和中国文化从来没有如此繁荣昌盛，受到世界人民的青睐，中国文化融入世界文化，中国白酒也就被世界所接受。

"中国制造"早已奠定了"中国创造"的"型"，我们希望中国文化赋予这种"神"，我在这里期待着和各位优秀企业家一起用中国文化共同打造出中国文化的"魂"，向世界展示中国的创造力。

（来自 2010 年亚布力论坛夏季高峰会）

他们的家国情怀

用企业家的声音去引导市场预期

文 | **姜建清** 中国工商银行董事长

当今的世界不仅生产过剩，还信息过剩，人们往往困惑于如何在海量的信息中去伪存真，困惑于如何区分截然不同的观点与预期。面对信息量已经很充分的企业家们，我不想对今天的经济问题谈我的看法，我想谈谈如何看待我们都十分关心、困惑的关于明天的问题，它就是"预期"。

预期一直是人们生活的一部分。早期社会，人类对未来就充满了好奇，同时也心怀敬畏与不安，因此一些可以预知未来的预言家受到了推崇膜拜，如《旧约》中的先知、推演周易的文王姬昌、创作《诸世纪》的诺查丹玛斯，等等。尽管随着文明与技术的进步，人类对自然界与历史运行规律的认知不断增强，也开始重新审视或质疑所谓的先知和大预言家超长期的预言，但现代社会仍高度依赖于预期。预期成为经济活动参与主体进行投资、生产、消费决策的重要参考因素，特别是随着金融深化和虚拟经济的发展，预期有时甚至是投资决策的决定性因素。

其实，经济学家们早已发现预期对经济行为具有重要影响。凯恩斯在其

《通论》中明确提出了预期的作用，并将之作为宏观经济理论的基础。20 世纪 70 年代，以卢卡斯为首的学者们创立了理性预期学派，进一步强调了预期对于经济活动参与者行为的影响，甚至提出在理性预期条件下政府宏观经济政策无效的假说，颠覆了凯恩斯理论。而卢卡斯本人也因此获得了 1995 年的诺贝尔经济学奖，且此后还有三位理性预期学派代表人物相继获得诺贝尔经济学奖。2002 年，由于将心理学成功运用到预期理论中，行为经济学先驱卡尼曼也获得了诺贝尔经济学奖，他论证了很多看似理性的行为实际上是非理性的，比如一些投资人面临亏损时不是"风险厌恶"者，而变成了"风险追求"者。预期学派频频获得诺贝尔经济学奖，预期在经济学理论中的重要地位可见一斑。

在以实体经济为主导的传统社会中，由于消费、生产行为受到需求、订单以及沉没成本的制约，具有一定刚性和时滞性，预期变动通常不会引起经济的剧烈波动。但近些年来，随着金融、房地产、大宗商品等行业的大发展，随着各种金融市场的大发展，资金流动速度加快，预期对经济波动的影响显著放大，各国政府开始重视预期管理。政策制定转向公开透明，政策目标转向稳定和单一。

由于政策决定权在社会资源分配等方面发挥着重要作用，政府行为对市场预期的影响很大。因此，在正常情况下，成熟市场中的宏观政策力求保持明确稳定，政策制定者则谨言慎行，避免市场出现理解偏差，以尽量减小对经济活动的影响，从而维护市场的有效自主运行。只有在突发事件导致市场出现"集体非理性"时，政府才会通过市场干预和预期引导来纠正市场失灵。但困难的是，在互联网时代，信息传播飞快，当错误信息得到纠正时，实际上已经对社会和经济造成不良后果。因此，社会一直期盼着准确、清晰的预期。

做到准确很难，做到清晰亦不易。美联储前主席格林斯潘以言辞含混不清闻名，他曾经说过："如果你们认为确切地理解了我讲话的含义，那么肯定是对我的讲话产生了误解。"当然，格林斯潘使用含混不清、充满暗示的语言，目的是尽量不影响到市场的预期，但也给他的生活带来了不小困扰。他与女友谈了 12 年恋爱，其间曾经两次求婚，但典型的格氏语言让他的女朋友一直没弄明白他到底在说什么，直到他恢复正常语言表达才求婚成功。在互联网时代，这种语体还能适用吗？

我国在经济发展过程中除注重经济总量和增速等指标之外，应重视市场预期对经济的影响，尤其要关注预期与经济基本面严重背离的状况出现。当今世界，预期不再是"虚拟"的，因为如果缺乏对未来的良好预期，消费者不敢放开手脚消费，投资者不敢轻易投资，就会使潜在投资受到抑制；出现资金单向异常流动，要素价格剧烈波动；一些出口厂商甚至不敢再接订单，实体经济将直接或间接受到严重影响。资本市场是最易"被预期"的对象，我国股票市场连续两三年"熊冠全球"，银行股估值跌至历史低位，与我国的人民币有效汇率上升、经济数据及公司财务指标良好严重背离。2013 年年初至 8 月 5 日，我国 A 股下跌 8.9%，而美国道琼斯指数和纳斯达克指数则分别上涨了 19.14%和 22.3%。近日的市场又被一些预期引导，大批资金从新兴市场撤出，流向几周前还被绝大多数人描绘成"低迷之极"的欧洲，市场真的变化如此之快吗？

但有意思的是，中国虽然总体上缺乏预期管理，却并不缺少"预言家"。有些人敢想、敢讲、敢预测，认为预言不是谣言，讲错了不需要付出代价；有些人屡预屡错，但屡败屡战；有些人缺乏起码的职业素养和专业精神，对经济数据狡猾操纵，随心所"预"，信口开河。一些人看透真相，深知"当预言家远比章鱼保罗作出预测要容易"，认为经济或市场走向无非涨、平、跌，只要死盯一个趋势，不论多头或空头，总能等到对的时候。因此，有些预言家在春天的时候就预言冬天将来临，但如果相信他的预言，穿上棉袄，恐难熬过漫长的夏天。2006 年，当时预言"两年后发生金融危机"的鲁比尼就是一个永远的空头，这点连他自己都不否认。对中国唱空的预期更是屡见不鲜，摩根士丹利亚洲非执行主席、著名经济学家斯蒂芬·罗奇（Stephen Roach）最近就指出，西方国家对中国持有怀疑态度的市场专家们再次开始了"中国崩溃论"大合唱——这是每隔几年就会让经济和政治评论员们兴奋一段时间的顽疾。没人在意过去几十年以来一次又一次的失败，中国怀疑论者再次提出，"这次的情况真的不同了"。在这些所谓的"崩溃论"一次次破产后，却没有人再去追问当初那些所谓的"预言家"，而这些预言家们可能又正在埋头准备下一个"预言"了。

更有一类预言家是为了商业利益。无论是唱空中国，引导市场预期，或是唱空市场，从中攫取暴利，都怀有其明确的获利"预期"。不负责任的胡乱预期和带有明显动机的预期会成为市场噪声，扭曲市场行为，形成非理性的"羊群效应"，加剧经济波动。这种功利性极强的所谓"预期"蒙蔽了市场对经济真实情况的判断，扭曲了现实。但遗憾的是，因为受扭曲预期的引导，我们往往难以看见事实真相。

信心比黄金更重要。为了经济的稳定运行，我们需要更客观、更可信的预期，我想，企业家的预期应该受到更多重视。

企业家已成为社会中影响力越来越大的一个中坚群体，应该主动在市场上发出自己的声音，引导市场预期，而不是成为沉默的大多数。过去的20多年间，改革赋予了我国企业家们难得的机遇，但也困难重重，企业家们披荆斩棘、摸着石头过河，如今已经成长为我国经济体系中的一股中坚力量，社会影响力越来越大。但我们的很多企业家比较低调，或者只专注于自己的企业和行业，不愿意对经济动向发表意见。当然，也有一些活跃的企业家或组织，像这个亚布力论坛，影响力就与日俱增。

所谓"春江水暖鸭先知"，与前面所讲的各类"预言家"相比，企业家的预期更贴近实际，更真实可靠。一是企业家扎根市场，直接面对消费者和原材料供应商，是最接地气的群体，因此应该最能切准经济脉搏，其预期可以更真实地反映实体经济趋向；二是伴随企业家预期的都是真金白银的投资，所以来不得虚假，会更客观、可靠；第三，与那些终年只在岸上旁观的预言家不同，企业家一直在市场中游泳，对外部水温和风浪的变化感触更直接迅速，而在长期的生存竞争中，企业家们还练就了高度的敏锐性和非凡的判断力，所以企业家对宏观经济环境的判断应该比较准确。

企业家群体的经验和智慧是一笔宝贵的财富，如果挖掘出来，必将成为引导市场行为的重要预期指标。企业家有能力也有责任发出更多、更强、更清晰的声音，引导市场形成合理预期，因为一个被扭曲的市场对企业的正常生产经营和投资行为是有害的，也是企业家们所不愿看到的。亚布力论坛就是一个很好的平台，我建议借助这个平台发布企业家预期指数和企业家信心指数。比如，由各位企业家从自己行业的角度来分析宏观经济走向，形成一个综合的企业家预期；或者设立亚布力企业家信心指数，编制一些指标，通过对具有代表性的企业家进行调查，形成一系列信心指数。

我想，通过企业家预期和企业家信心指数，市场可以更客观、真实地解读中国经济，对未来形成合理预期并据此调整经济行为，从而促进中国经济的稳定运行。当然，更有说服力的是经济本身的持续、均衡发展，这也寄期望于企业家们的共同努力！

（来自 2013 年亚布力论坛夏季高峰会）

端正大国心态

文 | **高西庆** 原中国投资有限责任公司总经理

众所周知，中国目前各方面都变得越来越强大了。最近日本人说自己不追求 GDP 有多大，而是追求人民的幸福感。这句话给了我很大的触动。

从国家整体经济、文化、军事实力来讲，我们忽然觉得自己的国家强大了很多，这个速度确实快了点。因为过去那些年一直在逐渐增长，没有积累到质的变化，而一个金融危机使大家忽然意识到：中国不仅从人口大国变成了经济大国、政治大国、外交大国，甚至变成了

军事大国。所以最近不管是南海还是东海出现问题时，很多人在网上说中国强大了，可以对付那些人了。事实上，我们得想一想，这种所谓大国心态的背后，是否有一个切实的支柱在支撑。

新 10 年要有新思维和新力量，中国现在非常强大，所以新 10 年我们一定要用新的态度对待这个事情。我们的 GDP 是世界第二，而我们为了创造 GDP 而消耗的各种资源居全世界第一。一些报告说 2010 年中国买了全世界 50% 的铜，买了全世界百分之几十的煤，创造了全世界百分之几十的玻璃和水泥，这样看起来我们是挺大的。过去都说汽车是一个国家整个经济发展基

本的晴雨表，现在看来忽然没几年工夫中国的汽车数量成了全世界第一，所以看起来中国是挺大的。

但是同时我们都知道，事实上我们还是一个很穷的国家。中国人均 GDP 不到日本的 1/5，而且这 1/5 的分配与日本的人均 GDP 分配不一样。前几年我总是站在社会保险的角度看问题，对弱势群体比较关注。今天的情况改善并不大。我们前段时间看到一些数字，有一点大家是同意的，就是日本全社会的资源分配和财富分配要比中国更平均，我们的最富阶层和最穷阶层及最富有行业和最穷行业之间的差距相当大。我前几年来亚布力论坛，说要看看亚布力镇的人怎么生活，我们所住的五星级宾馆服务员怎么生活。从这些角度来看，作为一个大国所应具备的大国心态是不是很好。

我们要面对的是 13 亿甚至很快将是 16 亿人口的大国，如果这个国家的政府什么都不管，那未来我们所看到的无非是美国的现状。美国人 100 年前就开始用自由放任的方式，一直到今天，所以比我们发达。且美国在十几年、二十几年的过程中，已把自由经济发展的自然逻辑恶果消灭掉了，把垄断的东西砍掉了。

现在已经可以算出来，按照中国目前每年消耗资源的速度，再过一些年，全世界资源就要被消耗尽了。我不知道美国人是否幸福，但如果每个中国人都像美国人那样"幸福"，至少需要 6 个地球。

中国文化讲究老子的"大音希声，大象无形"。如果真正强大了，是用不着在别人面前表现的。中国在过去也有很多做得不好的地方，全世界各国都在总结自己的经验教训，我们也应该总结自己的经验教训。我们现行的政策与 20 世纪五六十年代的政策相比，已经有了非常大的区别。当然，按照经济学家的理论来讲，这些政策有好有坏。

企业是我们国家未来 10 年经济增长的真正动力，是所谓真正的创造性的来源。那么，我们现在要怎么做呢？我们必须寻找新的经济增长点，提高我们的劳动生产率，而不是不断地变大，不断地创造 GDP，不断地卖房子、卖地。拿中国的状况和海外相比，如非洲，虽然非洲国家也各有不同，但是我所看到的多数非洲国家在穷卖资源的情况下，也有非常严格的规定，在卖资源时还要给自身创造一些价值，比如要留下一些绿地。再看看我们的土地，一直在维持 18 亿亩的红线，这显然是不可持续的。

作为一个真正的大国，我们要用什么样的态度来对待这些问题？希望企业家们作为国家发展的中坚力量，能够时时处处想到这些问题，创造绿色经济，创造可持续的经济，创造不仅令中国人感到骄傲和自豪甚至全世界人民也为之鼓掌的经济。

（来自 2011 年亚布力论坛年会）

中国梦——改变未来的开始

文 | 吴 鹰 中泽嘉盟投资基金董事长

我是第一次来科大，听了张校长激动人心的介绍后，我就有一种冲动，想报考读科大，但是像我这个岁数申请读本科也不太容易，念别的可能也没那么多时间，但是科大有这么多的成就我觉得还是挺佩服的。

我今天的演讲题目是"中国梦"，因为主办方让我讲中国梦，而王石可以讲他想讲的任何一个主题。我曾经跟他一块儿做过很多次演讲，他上次讲的也跟会议的主题完全没关系，但很重要。我就讲关于中国梦的一个观点。前些日子我看过一篇报道，是我们一个很高级的领导人讲的，中国梦就是一个梦，一个中国富强的梦。但其实我同意树新的观点，梦怎么可能会一样呢？一个人都不可能永远做一样的梦，别说咱们在座的这么多人了。我敢打赌，咱们这么多人做过一模一样的梦吗？不可能的，一晚上都会做好几个不同的梦。

中国的经济规模发展到现在，其实可以大讲特讲中国梦了，刚才维嘉提到留学，我是 1985 年去美国留学的，当年大家都讲美国梦，因为美国的奇迹和西部的很多故事成就了很多人的梦。在美国,我们知道很多人是在什么都没有的情况下成为亿万富翁的或者创立了很大的事业,从乔布斯到比尔·盖茨夫妇,这些例子太多了。但是我们如果把中国往回放 40 年,大家不要讲什么梦了,当时的人没有什么梦,有一顿饱饭吃就不错了。我昨天参加任志强的读书会,在跟中国移动前任董事长王建宙进行的对话中也提到了这个话题。我记得我姐姐在插队的时候,就是一年 365 天每天 14~16 小时地工作,一年下来才挣到 8 分钱,这在北京还不算最差的。文化大革命的时候你又有什么梦呢?因为中国 1985 年去美国只允许带 30 美元,我老实又不敢偷偷地藏着带,第一当时没钱,第二是怕钱多不让上飞机。那时候在国航喝啤酒是要钱的,得 1 美元。到了机场人家又搞募捐,我为了表示中国人的大方,捐了五毛钱,结果人家跟我说最少捐 2 美元,我一想,占我所有资产的很大一个百分比啊,回头又一想,捐就捐了吧,结果到美国的时候我身上就只有 27 美元了。现在回想起来,UT 斯达康在 2000 年上市成了第一家在美国上市的科技公司,总资产达 100 亿美元,或许是这 2 美元给我带来了很多的运气吧。到美国后我就想我要在美国实现什么样的梦,接着我便拥有了进入微软电子从事通信行业的机会,我当时特意跟旁边的一位台湾朋友探讨过这个问题,他说他的梦想就是可以在这个微软实验室工作一天。后来,我就想如果有一天我有机会将一个公司做到让一个人在这儿干一天就很满意的地步,那这个公司一定是给大家创造了一个非常好的开发、创新的环境。

后来有一次聊天,我们老板问我,你的梦想是什么。我说我的梦想很简单,有一天我回中国做一个高科技的公司,公司里员工有一万人。当时我就只有一个人数的概念,完全不懂一万人其实很难。做到最高峰的时候 UT 斯达康一年做到了 300 亿元的营业额,员工人数也没达到一万人。2007 年,由于各种原因我选择了离开,当时人数最多大概就八千多人,也不到一万人。其实做一个大公司是很难的,最后我认识到这不光是一个人数的问题。后来我就想最终实现的这些梦想真是我的,所有这些梦想都是回到中国后才实现的。大家可以想想,中国是有这种条件让很多人实现梦想的,除了刚才维嘉讲到的这些企业家,其实我也是"九二派"。我是 1992 年回国的,本来 1989 年就想回国创业,那时候想回国但没办法回,所以直到 1992 年才回来开始创

业，像李彦宏、张朝阳等很多人都是回国来创业的，所以中国有机会造这个梦，但讲这个梦的时候千万别说大家都有一个同样的梦，应该各怀梦想，只要你别梦想着歪门邪道。1992年刚回来时跟我同学聊天，我同学说中国现在好，我说怎么好，他说大家都想赚钱，我细想想赚钱了其实挺好的，只要你想通过正当的渠道赚钱是会有动力去做各种各样的事情的。所以在座的学生有机会进科大真的是一种幸运。

我也听说，科大的本科毕业生好像出国留学的特别多，其实别的学校也一样，我们那几届有百分之六七十甚至更多的学生出国去留学，当然张校长留在国内也做了很多成就，也当了校长。但是我不知道科大有没有真正地去统计一下这些出去的和留下来的学生中，回国创业或者在国内创业的人有多少，其中又有多少人像郭为这样取得了这么好的成就。所以今天是讲中国梦的时候了，应该将每个人的梦跟国家的富强结合起来。有时候说没有国哪有家，其实反过来说也是一样的，没有家哪有国，国都是由很多很多的小家集成的，小家则有今天的神舟数码、联想等众多企业。像王石的万科，是世界上第一大做住宅房的公司，而且像这样的500强企业越来越多，除了国有企业之外，民营企业在世界上的地位也在不断提升。刚才郭为讲到让人家尊重你，其实，尊重你不是靠我们这个国家的所有人去讲的，而是靠一个国家的实力，其实国家的实力在很多地方体现在企业方面。刚才也讲到企业家精神，企业做到一定规模的时候有义务来为社会承担更多责任。我们在座的很多人为什么愿意来参加亚布力论坛？有些人说来参加这个论坛的人都是会议达人，他们对很多社会问题感兴趣，大家在一块儿思想发生碰撞，一些想法如果能够做到并改变这个社会，推动社会进步，国家也会越来越富强、越来越好。

所以我今天最终总结一点，大家各想各的梦，各想更好的梦，保留你心中的梦想，把你个人的梦实现了，国家的梦也就实现了。

（来自 2013 年亚布力论坛夏季高峰会）

每个人都拥有实现梦想的机会

文 | *刘积仁* 东软集团董事长兼CEO

事实上任何一个人都会有梦想，但是在不同的时间、不同的年龄梦想是不一样的，我是20世纪50年代生人，我小时候的梦想是：如果能当工人就比当农民要好。那个时候只有下乡和当工人的机会，最早的时候还想过当兵，但没有当上，后来当了工人，再后来上了大学，我上大学和你们不一样。刚才大家都说自己是高分考上的大学，我那时候上大学不考试，全都是选派的，是因为我群众关系好大家举手把我送到了大学。我得益于从小编织网络，为什么是网络？我在当工人的时候就会修理手表和收音  机，会写字和画画，后来求我的人特别多，多到什么程度呢？投票上大学的时候，因为大部分人都求过我，所以也给我一个关照，这样我就有机会进了东北大学。我和郭为是因为在东北大学学了第一阶段，觉得学校不够好，所以他的梦想就是到科大来读书，然后他就从那儿到这儿来了。当然了，我后来也读了大学本科、硕士、博士，有机会去过许多国家。想到那个时代，可能今天很多人都不理解，我们那时候如果能够得到一本好的教科书，能够有一个广播收音机听一下美国之音，能够排队去北京申请去美国读书就是一个梦想。

我记得第一次去美国之前，脑海里盘旋的都是中国人民过着世界上最美好的生活，我们要努力学习，解放那些还在水深火热之中的美国人民。所以我们觉得美国人就是卖牙膏的小男孩、卖火柴的小女孩，当我第一次踏上纽约土地时的第一个感觉就是中国人真需要帮助，跟人家比我们还差得太远。特别是我刚去的时候，在美国国家标准局的一个国家实验室工作，这个实验室戒备森严，我周末是不可以去那里的，因为没有美国人在那儿，我们必须离场。那个时候，在留学生中我还算年轻一点的，三十一二岁，大部分跟我一起去的都是中国科学院五十几岁、家里面有孩子的人。中国人那时候真的不像现在，现在中国人只要去外面都是备受欢迎的，人家一看中国人来都招待得特别好。我们那个时代的中国人在美国，卧室里面用的东西大部分都是拣来的，从睡觉的席梦思床垫到桌子。那个时候我们很自豪，中国人还在睡木板床的时候我们就可以睡席梦思。我们一拣就拣两个，一个做床、一个做垫，两个床垫搭在一起，那就是我们的梦。那个时候我们不可能打电话回国，因为太贵，所以就写信，邮寄一封信回国内一个来回需要一个月，记得我当时买了一套图案是美国总统的邮票，在美国待的时间里几乎就和"美国总统"打交道了，等把"美国总统"发完我就回来了。那个时候我们房间里的七个人，都是科学院、物理所的，都是特别优秀的科学家，中国顶尖的人物，但是他们那时的地位、生活却并不舒坦。当时我的第一个梦想就是有一天我一定回国内创造一个环境，让中国的年轻人不像我们那样费劲——费这么大的劲从国内到美国。当然，我回来后的人生算是相当顺利的，因为我回国33岁就做了教授，然后很快就开始了创业。创业之初做买卖也不是为了赚钱，就是为了实现我的第一个梦想——要成为一个优秀的学者。后来，这个梦想实现的时候我突然发现，做学者也需要钱，而那时候我心里面最赚钱的人几乎都被认为是坏人，因为好人一般是不谈钱的，所以我从心里面对想赚钱这件事有抵触。因而在创业之初，一开始我把公司叫作研究所，但人家工商局不给注册；当时也觉得总经理这个名字绕口，不如叫研究所所长，于是我们加了一个括号，但是去印名片的时候还是全部都没了。后来开始做技术转移是因为我们虽然没有钱但好在还有点儿学问，当时我们把技术出口到日本换取了我们发展的第一笔资金。

后来我又修了一个园子，这个园子中间有一个湖，旁边还盖了一个高尔夫练习场。那时候为什么盖这个高尔夫练习场呢？是因为有次日本人请我们到日本去做演讲，他们很热情地欢迎我，把我安排到一个别墅，早晨出来的时候我一看外面有一个大花园和一片绿地，我就到花园里去溜达，我看到远处很多人跟我招手、打招呼。当时我的感觉是：日本人特别友好，真有礼貌，早晨就说 good morning，后来我发现那是高尔夫球场，因为我不懂什么叫高尔夫，他们怕把球打到我的头上，所以让我们赶快离开这个地方。回来之后我就有了一个梦想——不能让我们的年轻人不懂高尔夫。于是，就在我的软件园里盖了一个大概20多个洞的高尔夫练习场，希望我们的年轻人不像我这样不知道什么叫高尔夫。我们就是这样一步一步创业走来，因为我毕竟还是教授，教授有一个好处，就是他一旦有了钱他的浪漫就变得更加浪漫——会把赚到的钱用来修高尔夫球场。我突然觉得自己当了教授之后就没怎么认真讲过学，于是决定要投资大学，所以东软在过去的13年间投资了3所大学，现在是2个本科学校、1个大专学校，一共有2.8万名大学生学习信息专业，每一年毕业的人几乎都成了IT从业人员。

我讲这个过程，是想说明一个什么事情呢？事实上，每个人无论你有资源或无资源，无论你生活的环境有多么艰难，都不会阻碍你拥有梦想和实现梦想的机会。任何一个社会永远是不完美的，一个人永远抱怨就永远没有机会成功。跟我一起出国的同学大部分没有回来，而我之所以能回来要特别感谢我的导师。我的导师是哈佛大学毕业的，是 1946 年跟钱学森、钱伟长一起回国的。从我上大学的第一天开始，学校就组织学生批判他，事实上他一直没有过上什么好日子。当时我之所以能够去美国，是因为他在哈佛大学的同学是我到的那个机构的主管。导师跟我说："一个国家总要有人在奋斗，因为没有人奋斗就永远没有人期待改变这种生活环境，我回来的时候一直就没过上什么好日子，但是我从来没后悔过，我希望你和我有一样的想法。"就因为这么一句话，我毅然选择了回国，现在看来我觉得我是幸运的。

所以，一个人拥有梦想就不要把梦想想得太美，如果你带着梦想，务实地、脚踏实地地做好每一天的事情，无论你能拥有多大的收获，你都会感到满足，都会有一个很美的梦。所以我觉得中国梦就是个性的梦，就是我们每一个人的梦，而且每一个人都有不同的梦想。另外，我觉得不要把每一个梦都想得那么大、那么美好，事实上，当你拥有了这一切的时候，你会突然重新审视内心的真正需求。如今东软在全世界有 2 万多名员工，有 30% 的业务来自全球，公司已经有上千名外国员工，如果问我现在最好的梦是什么，答案是回大学做教授，做一个有两个假期的教授，做一个上哪儿去都不用请假的教授，做一个可以随便说话的教授，做一个一觉睡到自然醒的教授。这就是我的下一个梦。

（来自 2013 年亚布力论坛夏季高峰会）

如何丈量梦想与现实之间的距离

文｜张树新 联和运通控股有限公司董事长

很早以前，我就跟朱清时校长和侯建国讲过，我算是科大的非典型学生，现在也应该算是亚布力论坛里的一个非典型企业家。为什么是非典型呢？我进这个学校其实不是自己自愿来的，只是因为分数考得太高被送进来了，因为我自己想去北大念中文或者是国际政治，我爸不同意，说，就你这个性格，要到一个安静的地方去学科学。我们高中学校平衡了一下考分高的几个人，最高的去科大，其次去清华，剩下的就去北大。这就是当时的事实。1981 年，大概就是这个时候我来到了这座城市。

但是后来我到了科大就特别失落，因为我们当时的1981 届学生聚集了全国21 个省的第一名，我只是一个小城市的第一名，所以就特别失落。一看同学们的分都比我高，他们不仅分比我高，还会打桥牌、下围棋，还读过很多莎士比亚的作品。这就是20 世纪80 年代的中国科技大学。仔细回想这个学校，我曾经在1984 年的时候讲过，我说不喜欢这个学校，因为我不知道为什么要学科学。别人赋予我的梦想说，你要当居里夫人，我也以为我有这个理

131

想，后来发现我的梦想只是想当一名记者。我觉得我在学校时没做过什么正经事，虽然莫名其妙地被点为学生会主席，然后还建立艺术团、排话剧，因为科大的气氛极其开放。开放到什么程度呢？我大概头两节课基本上没去上过，因为一直在早上起来去上课还是多睡会儿觉之间挣扎着。我不知道现在的学生怎么样，但那会儿我们实际上是以考试为王的，都是在考试之前的一个星期自学。我们那一批学生 1986 年时大多被保送各研究所念研究生，而我没有选择再去念化学，当时我还有一个选择留校做团委书记的机会，我思索了半天，说我这个人最大的缺点和优点是永远讲真话，所以不适合从政。然后我就开始去实现我个人的梦想——当记者，然后我就去了《中国科学报》，我在报社只待了一个月就发现我想讲真话也不行。同时，我又做了一件当时让人家很吃惊的事情——去结婚生孩子，我母亲当时写了很多封信来骂我，说党和国家培养了你，你身上赋予了多少人的希望，你居然如此堕落。后来很多同学跟我说，他想得最多的问题就是张树新为什么第一个结婚。后天王静在科大有一个演讲，我说我是科大的女生，我愿意给你站台，我还拉了一个外围站台的，就是当时科大的校花，我说当时科大有两个出名的女生，一个叫凶猛、一个叫美丽，我就是那个叫凶猛的。其实后来，我只想知道我是不是一个女生，我想知道我会不会生孩子，我想知道我会不会过普通人的生活。我从小就被人称为才女，永远考第一，但我不知道我是不是女生。当时我们两个人在北京，一个亲戚也没有，就在北京过日子，一点点生活，然后在报社里过着最平凡的日子。后来慢慢就觉得自己好像会活了，能力也没有丢，还做了很多事情。

我在中国科学院高技术企业局工作的时候就认识郭为了，郭为那会儿在计算所今天叫联想的公司工作。我记得那会儿郭为是来求我帮忙的，因为当时的联想没有电子进口许可证，靠我们办公室去跑国家计委和信息产业部要许可证，当时有许可证的公司叫长城——长城今天已经不见了，而联想成了世界级公司，这就是市场经济的魅力。我在中国科学院干了六七年，见到了自己的成长，在我出来开始做生意的那一天他们问我，动力是什么，我说其实是获得了自由。

回到科大的主题，1984 年离开时我说不喜欢这个学校；1994 年的时候

（中青时代）科大请我回去做演讲，我跟所有的同学说，我感谢这个学校。像我这样一个中学读过很多文学历史著作、不喜欢数理化的人，却莫名其妙地因数理化考了高分进了这样一个学校，在这儿受到了最严格的科学训练，这确实使我受益匪浅。

刚才王石讲到创新精神、企业家精神，让我想起科大的教训"求真务实"，我记得我们刚入学时唱的校歌是《攀登科学高峰》。求真务实是什么？第一永远面对真相，第二永远面对现实。真相跟真理有关，所以所有做科学家的人、具备科学头脑的人，他们永远要求真理，想知道问题的最终答案，但同时他们也需要面对现实。我想我后来能够这么跌宕地生活，做了很多事情，包括在1995年像发现了一个新大陆一样发现互联网跟这些并非毫无关系。我今天还跟很多人讲，其实，1995年我就说互联网对中国绝对不只是技术，也不只是商业，它一定是中国人最大的变数，是中国人最大的经济关怀。1995年我说这个话的时候，一个记者写文章描述我时说，这是一个像有温和气质的哲人一样的企业家，其实我今天还这么想。在这样一个国家也许有各种各样的问题，但是面对真相和有科学精神、创新能力永远是非常重要的。来的时候维嘉说我们这个演讲的主题是"中国梦"，我说不要去管什么中国梦还是美国梦，我们每个人要有能力先做自己的梦。每个梦是不一样的，如果所有的梦都相同那一定是被人控制了。每个人一定要做自己的梦，但是一定要清楚你的梦想和现实之间的距离，我想这是企业家和纯粹的诗人完全不同的地方。如果你们都丈量了梦想和现实之间的距离，你就知道明天要干什么。但是无论多难都不要放弃自己的梦想。

我好几次回科大的时候都跟校长讲，自己可能比较离经叛道，我跟科大女生们说得最多的一句话就是趁着青春年少，一定要在大学毕业前谈几次恋爱，一定要搞清楚你的身体、灵魂、头脑之间的关系，所以要永远保持你心灵的自由，永远相信理想还在前方。

我想用我的好朋友崔雷鹏教授关于我的梦和中国梦关系的话来结尾——"当你在这里，中国就在这里；你光明，中国就不会黑暗，一切从你自己开始"。

（来自2013年亚布力论坛夏季高峰会）

学者的人间情怀

危机促使国内经济转型

文 | **刘明康** 亚布力中国企业家论坛名誉主席

2011 年我们讲形势，今天我换一个话题。2012 年，大家觉得全世界遍体鳞伤，我们也面临很多困难，但在危机当中和危机之后，我们其实有很多机遇。我希望大家能够抓住这个机遇，从而实现未来更辉煌的 20 年。接下来，我想跟大家讲一下龙年的新机遇。

第一，这一次的危机给全球理论创新提供了一个最佳机遇。无论是社会管理，还是经济理论，现在都走到了一个非常重要的关口，全世界都在讨论什么叫社会主义，什么叫资本主义，而统治了我们 50 多年的新自由市场经济理论，现在看来也有许多的不完美。那么，怎么来指导我们的世界？这里就有一个理论创新的问题。这是一个巨大的机遇，但这个机遇的出现有一个条件，那就是后危机时代，我们对新的环境会有一个新的认识，这个新的认识来自实践，而新实践、新认识就有可能上升为新理论。随之，新的理论会被用于指导我们实现社会管理的进步，实现企业家在发展模式上的转变。

第二，国际市场的需求发生了重大转变，这种结构上的转变所带来的压力可能会使我们以外促内，从而更加注重国内经济发展方式的转型。多年来，我们都有一个体会，当我们高速发展的时候，很少有人会下苦力气去进行深

137

层次的改革，推进软实力的建设，但是当我们遇到压力的时候，特别是对中国这样一个对外需曾过度依赖的经济体来说，国际市场需求的转变会迫使我们更好地去考虑经济发展模式和方式的转变，更加注重软实力，而不是硬件的迅猛发展和建设。这就是我经常讲的一句话，"路不平，想想邓小平"。困难的时候，我们会更加感受到邓小平理论的亲切和它的指导意义。所以，困难时期，将压力变成动力的机遇也必然存在。

在这里，我讲一下自己熟悉的金融行业。金融行业现在是什么情况呢？整个金融行业的压力非常大。可以看到，危机之前的金融机构，不论是银行、保险公司，还是基金证券公司都存在四大特点。其一，强调盈利的最大化，追求 ROE（Rate of Return on Common Stockholders' Equity，净资产收益率），要求资本回报率为 15%、20%，甚至更高。其二，普遍使用高杠杆率来实现盈利。高杠杆率催生了不安全和不稳定因素，使得系统性风险变得非常可怕。其三，将业务集中于非客户的区域业务，将精力、创新都放在不是客户的基础上，强调资金的流动，强调资金的翻倍，从而带来账面上的价值。其四，对外、对内都不注重科学规律，远离审慎内控和风险管理，数据质量奇差无比，信息科技支持力度很弱。

现在，在新的环境下，我们的金融行业该如何化解这四大弱点？我想应该有四点。其一，集中力量服务于实体经济，做好客户服务。这是非常重要的一点，金融创新和服务更直接的目的是为客户创造效益。其二，做好金融中介的全球化。金融中介的工作将会成为金融机构发展的一个主要方向。过去，我们过多地依赖信贷、利差，不顾资本金的占用，也不顾拨备的需要，从而将风险拉得很大。现在，资本市场需进一步完善和发展，因此金融机构实际上要发挥金融中介的作用，参与高质量企业重组，为中小企业和大型企业走出去以及转变发展模式提供服务。其三，加强风险控制能力建设。其四，注重市场的力量，同时也要加强和推动金融机构与政府的合作。只有在政府和市场的紧密合作中，企业客户和个人客户，尤其是弱势客户群体才能够获得更多的支持和保护。

第三，在当前市场低迷的情况下，国外一批技术和技能较好的企业陷入了困境，这为我们的海外并购提供了一个很好的机遇。

第四，在二线、三线乃至四线城市，已有一大批新兴产业和企业家迅速崛起。如果我们能将这批企业家和现代 EMBA 教育相结合，使他们补上良好的教育这一课，那么我们完全可能涌现出一大批新型人才，为我们调整投资方向增加新的亮点，同时为我们服务结构的调整提供很大的一个机遇。

第五，这场危机使我们对诸如产业风险、投资风险、市场风险、国别风险、国际资本的跨境异常流动等一些过去不太重视、不甚了解的领域有了一个认真观察和深度研究的机会和需求，也对我们相关的基础信息统计工作和全口径报告制度的建设和完善是一个强有力的推动。

第六，部分企业的市场退出与企业家的跑路和自杀，为我们完善和细化企业破产保护与社会保障制度建设提供了巨大的动力。虽然我们有了破产法，但是破产法的实施和破产保护的申请以及社会保障制度的建设还需要我们做出巨大的努力。现在，这个机遇到了。

第七，社会主义的民主政治进程不可逆转，现代网络科技的发展更是推动了以人为本、科学发展的意识的增强，推动了对现有各种标准和习惯做法的反思和革新，推动了改革和深化，这就可能从根本上解决一些我们经常讲但长期得不到解决的、群众最关心的利益问题。

第八，这次危机为市场中介机构和合格机构投资人的发展带来了巨大的机遇。我们需要一大批合格的会计师事务所、律师事务所、测量师事务所，我们也需要有自己的评级机构、合格的基金管理人、合格的机构投资者，从而服务于资本市场，应对整个生产发展模式的转变。

第九，为产业结构调整提供了一个机遇。这个机遇不只是在经济领域，还在社会管理和社会问题解决的需求方面，比如应对中国未富先老的老龄化问题，应对健康、保健和医疗改革的问题，社会矛盾调解的各种管理问题等。总结起来很简单，就一句话：依法治国。但除依法治国之外，依市场经济的特殊规律以及其他任何比赛规则来治理特殊的矛盾和问题是更加高层次的管理问题。危机中，这些问题都现实地摆在了全世界人民的面前，同样也摆在了中国新兴经济体的面前。

我本人坚定不移地相信市场的力量，坚定不移地支持企业家们的努力。同时我也坚信，政府和市场的平衡与互相支持会促进社会和经济发展，也会为深层次改革提供更大的动力。

（来自 2012 年亚布力论坛年会）

何以解决？唯有改革

文 | **曹远征** 中国银行首席经济学家

    2012 年是邓小平同志南方谈话 20 周年，1992 年时我在国家体改委工作，当年的情形仍历历在目。就目前的经济形势，我想跟大家探讨一下怎样过冬这个话题。我想说两点：第一，冬天有多冷；第二，怎么过冬天。

    现在，人们都很担心世界经济，而且世界银行也说世界经济处在最危险的时期。为什么说是最危险的时期？因为世界经济结构在发生重大转变。我们看到，现在的世界经济结构以及世界结构形成于第二次世界大战后，建立在南北差距、发达国家和发展中国家的差距之上。但发展到今天，情况已发生了很大的改变。2010 年，就 GDP 而言，发达国家和发展中国家已基本相当，各占 47.5%，这就表明建立在过去南北差距的经济秩序、政治秩序、货币秩序、金融秩序都受到了重大的挑战。旧的秩序不能发挥作用，而新的秩

141

序还没有建立起来，这是我们目前面临的最大不确定性，也是最大的风险。这是我们这个时代最重要的特征。

反观当前，在这个特征下，在未来相当长的时间内或者可以预见的未来，至少有四个风险需要注意。

第一，世界经济很可能会出现新型的滞胀，也就是说经济可能会出现长期的低迷，但是通货膨胀率可能会比较高，尤其是债务问题会持续出现，而这可能需要比较宽松的货币政策来应对这一新局面。

第二，欧债问题。这是世界经济的新的风险点。尽管在 2012 年 1 月初，欧盟非正式会议已经有了解决方案，但是市场依然担心这个方案在短时间内所能发挥的作用，最坏的前景是欧元崩溃，尽管可能性不大，但欧债问题会成为一个长期问题，这是必然。

第三，国际金融形势的动荡不安，包括股市、债市乃至大宗商品，都处于波动之中，资金在流出亚洲后，最近有迹象显示会回流，但是仍然没有方向感。

第四，在这样的冲击下，人们担心危机会扩张，特别是周边国家，双赤字国家能否坚持住，是否还有亚洲金融危机重现的可能性。金砖五国中，印度、南非和巴西三个国家都是赤字国家，这是我们面临的风险。这个风险的产生恰恰说明，世界经济结构处于变动之中，我们对这一系列危机的理解应该是转变过程中出现的危机，也应该看到世界经济结构正在重塑之中。

作为世界经济的重要组成部分，我国经济结构也处于转变之中，我们注意到四个因素正在发挥作用。其一，过去我们以制造业为基础，而制造业是出口导向型的。如果世界经济长期低迷，出口制造业将会受到严重的挑战，也就是说扩大内需是一个必然的选择，出口导向型经济不是是否可持续的问题，而是现实是否可维持的问题。因此，2012 年的顺差会大幅减少。其二，过去，中国经济是二元经济，劳动无限供给，但现在劳动力的转移速度已大大加快。按照统计局公布的数字，2011 年进城的农民有 1.6 亿人，青壮劳动力特别是 25 岁以下的劳动力基本上都已经从农村来到城市，这对我们传统的以低成本为竞争优势的制造业提出了一个深刻的挑战。其三，中国人口正在老龄化。过去，中国经济增长依靠储蓄推动，抚养成本比较低，储蓄率比较高，但随着人口老龄化的加剧，以储蓄和投资推动经济的增长模式会面临严重的挑战。其四，过去，我们的经济建立在资源耗费、环境污染的基础上，这一点现在显然已不可持续。远的不说，仅看石油消费量，2011 年中国石油进口占世界石油总销售量的 57%。现在，伊朗问题依然在严重化，油价的波动已经对经济带来了很大影响，因此环境友好型经济的发展也是必然。而正是因为经济结构正在发生转变，中国经济可能会告别高速增长时期，由过去两位数的增长降为一位数。与此同时，通货膨胀率可能会高于 30% 的平均水平，中国经济正在进入一个新的时期。

怎么过冬呢？20 年前，我们的经济也很困难，大家怎么过冬呢？1999 年，黄阜平有一篇文章，题目叫作《何以解决，唯有改革》，我个人认为中国经济的调整也需要进一步推动改革，且有三项改革非常重要。

第一，财税体制的改革。重新梳理中国的财税制度，既要梳理中央跟地方政府的关系，也要梳理边界，这是根本。

第二，要素价格的改革，包括融资问题。这是资金价格要素的问题，肯定要通过利率市场化和准入条件的放松才能够使要素价格合理化、正确化。

第三，中国要更积极地融入世界，一定要对外开放，一定要在人民币可兑换等相关方面做更进一步的开放，这样才能使中国经济结构有较快的转变，实现平稳的发展。

回顾邓小平同志的南方谈话，无外乎"为多数人的现代化"，"三个有利于"。现在重温邓小平同志的谈话，我觉得坚持"三个有利于"是中国再创辉煌的根本。

（来自 2012 年亚布力论坛年会）

货币化促进个人自由

文 | *陈志武* 著名经济学家

　　今天我想讲讲钱和自由的话题。我们喜欢自由，也都喜欢钱，那这个话题有什么好谈的呢？这里我希望稍微退一步去想一想，人类社会的现代化不仅在中国，在西方社会也已经有几百年历史，我们看到货币化的进程越来越深化，但自由的进程对人类社会的现代化所发挥的作用究竟是正面的还是负面的呢？我今天要讲的最重要的核心是，如果没有货币化就不可能有人类社会的现代化。如果没有货币化的发展，我们的亿万富翁基本上不太可能出现。

　　我对这个话题感兴趣有两个背景。其一，在进入《华尔街》剧组作为剧组的主要学术顾问之一之后没几个月，《华尔街》剧组总导演李成才又跟我商量下一个 10 集纪录片——《货币》的内容。我当时就在想，货币是一个过于

抽象的物品，尽管我们每个人每天都跟它打交道，但从什么角度来编制这 10 集纪录片，从而为普通大众介绍货币，介绍货币为什么重要或者为什么不重要呢？其二，大家都在说中国的通胀压力大，对此我也非常认同，但是大家一谈到 73 万亿元广义货币供应，看到或听到这个数字时就会有一个很糟糕、很不好的反应，觉得这么多的货币供应没有通胀才怪，确确实实是这样。但另一方面，从图一我们可以看到，1980—2009 年，当然也可以将 2010 年的数字放上去，全国每年广义货币供应总量相当于 GDP 的百分比。1980 年为不到 40%，也就是说中国的货币化程度在 1980 年只有 0.38 倍；而 2010 年，每一块钱 GDP 相对应地有两块钱的广义货币在周转。就像我刚才说的，这个数字很容易让人觉得现在的货币太多，中国经济虚拟化的程度太高，但我想说的是，这些数字背后反映着中国经济、中国社会的现代化和市场化的故事，它可以从很多方面去理解。

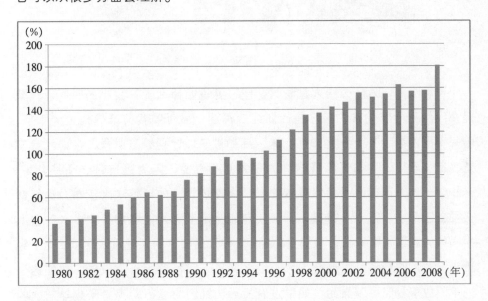

图一

今天，我谈通货膨胀，更多的是谈货币化的发展到底好不好，特别是个人自由跟人类社会自由化的发展究竟是积极的还是消极的。在现实生活中，包括我自己在内都可能会觉得什么都要钱，一切都向钱看，其实这是一个非常负面的价值判断。在中国历史上，从春秋战国一直到现在，基本上没有哪个朝代停止过讨论"义"和"利"。关于"义"和"利"的两种不同主张，跟我所要讲的货币化关系很大。货币化更多地主张以利益的诉求来规范、定位人与人之间的利益交换或者非利益交换，人与人之间的利益交换以及人际关系都以钱而不是以其他的物品来结算。话说回来，正是两千多年的义利之争使得中国社会30年前的市场化进程一直非常慢。

图二

再看图二，为什么给大家看这个图？要说明什么呢？我小的时候，也就是20世纪60年代末，正好是计划经济时期，那时候我父亲是村里的干部，他每次出差都会带上三样东西：米、菜和被子。计划经济时代，在如此反市场、反货币化的环境下出现这样的现象并不奇怪，因为远行时必须带上菜、米和被子。但现在似乎已经难以想象，大家想想，如果每次来亚布力论坛都必须自己带米，带菜，带被子，那我们能够走多远，能够离开家多久？我上中学的时候读寄宿学校，根据我的经历，5天后所带的菜就没法吃了。这个经历告诉我，你最多可以远行5天，但是并不一定能够远行去美国。根据这个简单的故事我们可以看到，如果没有货币，我们的远行距离将受到非常大的限制。当时，我们家正好在繁忙的路边，每次吃饭的时候，只要有外出的人经过，我们肯定会邀请他跟我们一起吃饭，如果没有地方睡，必然会给他找个床铺。原因是什么？在以前货币化程度很低的中国社会，尤其是游牧民族社会，毕竟还有那么几个李逵或者武松需要远行，他们没有办法带上那么多的米、菜和被子，那怎么办？在这种情况下，整个社会就必须通过新的风俗强调集体主义与共享的文化价值，否则李逵、武松这些外出比较久的人就没有办法活下去。所以回过头来想一想，货币化是否发达其实与社会文化的内涵和文化结构也有很大的关系。话说回来，义利之争在中国延续了至少两千年，使得以钱来结算人际利益交换的进程从来就没有太大的发展空间，但唐宋时代商业发达，经济达到了新顶峰，这为后来新的义利之争和宋明理学的出现提供了前提。

行政级别也是一种货币

今天，中国的货币化发展又达到了新的水平，社会上就又出现了一场关于新儒学和现代化的争论，而这样的争论在中国历史上绝对不是第一次，也许不是最后一次。那么，如果不以货币来结算、了解、确定、规范人与人之间的交换，那么以前的社会依靠什么来实现人际互动、利益交换或者非利益交换？尽管今天我们一听到货币，就将它与人民币或者美元等联系在一起，但实际上货币的形式既可以是显性的，像钞票这样的东西；也可以是非显性的，比如所谓的人情。人情实际上也是一种货币，只不过这个货币跟我们今天所熟悉的钱这种货币不太一样。我们所掌握的人情的货币的多少，往往跟亲疏远近关系连在一起，你跟我的学员关系越近，那么你拥有我的无形亲情货币相对来说就多一些。这就是为什么我的兄弟、侄子、侄女都可以随时给我打电话，让我帮他们干这个事儿、那个事儿。我有5个兄弟，有很多的侄子、侄女，我到美国之后跟他们没有太多的感情交流，因为我没有办法看着他们长大，在他们看来，我欠他们很多人情，他们拥有我很多的人情货币。所以，实际上亲疏远近是决定亲情货币多少的非常重要的因素。当然还有社会资本，社会资本也是另一种意义上的货币。

其实，货币除了我们今天熟悉的钞票以及我上面提及的亲情、友情、人情以外，还有一种货币。人类社会到目前为止所经历过的实现人际互助、互相交换的方式，除了市场、家庭、家族、宗族这个体系以及教会以外，另一种就是基于行政权力来实现人与人之间利益的重新配置与交换。换句话说，我们所讲的"处级""局级"等级别也是一种货币。在社会中，人们根据不同的级别，将每个级别相对应的好处和利益都规范了出来。但有一个特点，就是这些行政级别与前面所说的米和菜一样，它不是一种通货。正因如此，正部级或者副部级尽管能让我们在国内得到相应的好处，但如果到美国或者

俄罗斯，这种行政级别相对应的货币就没有任何价值。这就说明，基于行政级别的专门货币最终也是以牺牲个人自由为代价的。另外，正部级的官员虽然所掌握的行政级别类官货币比较多，但是他的官货币没有办法像钞票一样可以走到埃及，让埃及的警察和服务员根据他手中掌握的官货币提供服务。

只有货币化的深度发展才可能实现市场化的发展

我对这个问题思考得比较多，其实想来想去还是最后一个结论，除了我们熟悉的通货以及根据这个通货所带来的货币化发展和市场化发展之外，几乎人类社会所有人际之间的利益互换都会以牺牲个人的自由和社会的自由作为前提。当然大家也熟悉粮票、油票，为了支撑整个计划经济体系，每个人所做出的牺牲我就不多说了，但总体来说，从计划经济过渡到市场经济必然有一个前提——货币化，只有货币化的深度发展才可能实现市场化的发展。我想问大家一个问题，如果没有货币化，在座的各位亿万富翁是不是还会出现？我们可以从三个不同的角度来思考这个问题：第一，如果生产的产品只是为了自用，那么现代化是不是有可能，亿万富翁是不是有可能出现？第二，生产的产品用来交换，甚至生产的主要目的也是为了交换，但是交换的结算方式是以货易货，而不是用钞票，这样，现代化是不是也有可能，亿万富翁是不是也有可能出现？第三，如果企业追求的是货币利润最大化，那么由此带来的一个必然结果是：企业家或者创业者不再以东西而是以货币利润作为实际追求的目标。这对今天实现成为亿万富翁的目标所起的促进作用到底有多大？

这里很重要的一点是，如果生产只是为了自用或者交换，最终以货易货会是什么局面？这会使创业者在自己的物质财富达到一定水平之后失去创业激情，因为已经没有任何新的东西可以来激励他了。当然，我强调的是物质财富，不是以货币结算的财富，而是看得见摸得着的实际财富。如果这样，这会对整个市场化的发展、经济的发展起到多大的阻碍作用？

正因为如此，最后我想说两个结论。一是货币化是市场化深化发展的前提或者说基础，这也是我建议李成才总导演的纪录片——《货币》应以亚当·斯密的市场化发展促进专业分工，专业分工促进经济总体发展作为基本出发点的原因。而要实现亚当·斯密的专业化分工，进而促进市场与经济发展，实际上亚当·斯密在《国富论》中忽视了一个很重要的方面，就是他的理论如果没有货币化作为前提，实际上很难成为现实。所以，货币化从某种意义上就等于市场化。二是货币化的发展也是个人自由的前提。这里我顺便补充一下，因为五四运动的时候，自由从某种意义上来说比较宏观，是基于一种情绪，但实际上，实现自由所需要的基础除了制度以外，还需要很多其他基础工具的支持，其中必不可少的一个基础工具就是货币化。当然另外还有一个，就是我强调得比较多的金融市场。如果缺少这两件基础工具，自由作为一种愿景、目标和理想将很难实现。实现自由所需要的东西其实包含很多方面，正因如此，当我们不大习惯或者比较反感一切以钱结算时，我们千万要记住，正因为人类社会越来越货币化，这才有了现代化，才有了人类社会自由度的整体上升。因为货币化让市场化成为可能，而一旦市场化有更深入的发展，我们对儒家、宗教等基于共同信念所完成的人与人之间的利益交换以及对那种体系的依赖度都会减少。历史上，文艺复兴时开始的西方个人化、自由化运动与市场货币化的深入紧密相关，而中国从计划经济走到市场经济实际上也是另一种意义上的货币化进程。中国社会对儒家体系的依赖度越来越低，从另一个角度也可以理解是货币化所带来的自由空间越来越大。

（来自 2011 年亚布力论坛年会）

要靠改革来化解金融风险

文 | **辜胜阻** 全国人大财政经济委员会副主任委员、经济学家

　　我们知道现在世界上有金融安全、能源安全和粮食安全等问题。2008年，已经爆发了全球金融危机。对中国来讲，当前我们最大的潜在风险是金融风险。如何防范和化解金融风险？不能光靠监管，非常重要的是要靠改革。

　　现在海外唱衰中国有两点，一个是房地产市场，一个是地方政府性债务，因为这两点都会导致金融风险的爆发。我们对金融风险要进行科学的识别和研判。金融风险的释放和爆发与经济运行密切相关，经济上行时风险不易发现，经济下行时要严防风险爆发。当前，我国正处于经济增长速度换挡期、结构调整阵痛期、前期刺激政策的消化期"三期叠加"时期，经济增速从两位数的高速增长换挡，防范和化解金融领域的各项风险是保持经济可持续发展的重中之重。当前，中国面临的经济转型不能是无痛转型，得有四种

阵痛：一个是制造业严重的产能过剩，要去产能化；二是房地产存在严重的泡沫，要去泡沫化；三是金融要去杠杆化；四是环境要去污染化，这些都会对金融风险造成很大的影响。

看待金融风险要区分长期风险和短期风险，从短期看，当前金融领域的风险点主要集中在房地产、地方政府性债务、产能过剩等领域形成的银行信用风险和影子银行风险上；从中长期看，我国的金融风险点要高度关注企业债务率过高、流动性结构性失衡、社保欠账和跨境资本流动等问题。现阶段的流动性管理面临"两难"：一方面流动性总量偏大，企业负债率整体偏高；另一方面中小微企业和实体经济又面临严重的融资贵和融资难问题，"钱多"和"钱少"并存。

当前金融领域有五大风险点。

一是房地产市场"拐点"可能引发的金融风险。楼市是经济形势最大的变数，也是金融风险聚集最高的领域。楼市一头是投资，一头是消费；一头是金融，一头是实体经济；一头是民生，一头是经济增长；一头是政府、银行、消费者利益，一头是开发企业可持续发展。银监会说银行业房地产贷款风险可控，是因为房贷和开发贷大概占总贷款的20%，但如果你把房地产的抵押加进来可能就接近40%。此外，房地产可能涉及几十个产业，如果把上游和下游都加起来，这个比重是非常高的。陈志武教授讲中国家庭资产79%在房地产上面，房价下跌会影响家庭资产。

二是区域性的地方政府性债务风险较为突出。地方政府性债务使"财根""地根""银根"紧密相连，财政风险和金融风险相互交织，一旦某个环节出现问题，则各种风险交叉感染，容易形成多米诺骨牌效应，严重影响我国金融和财政体系的可持续发展。

三是产能过剩领域可能引发的金融风险。正规银行及影子银行体系大量资金流向产能过剩领域，"去过剩产能"可能形成大量银行不良贷款并影响经济增长速度。一些向银行融资困难的产能过剩行业的企业转向从影子银行体系获取资金，又在一定程度上加大了金融系统面临的潜在风险。

四是影子银行中的金融风险。影子银行是金融严格管控的结果，是对正规金融体系的补充，但也会引发很高的金融风险。当前的金融风险点也是相

互影响的，刚才已经讲到了很多。实体经济运行风险向金融领域传导，一般会沿两条路径扩散与积累，一个是银行体系，一个是影子银行体系。在我们的金融资产中，银行资产占90%，企业融资过去80%靠银行的间接融资。现在银行理财规模已经超过10万亿元，信托也已经超过10万亿元。房企在银根紧缩的情况下转向影子银行，有很多地方高房价和高利贷紧密连在一起，之所以用高利贷，是因为投资者寄希望于通过高房价来实现暴利，然后来应对高利贷。在信贷持续收紧的背景下，产能过剩行业和部分地方政府融资平台也转向从影子银行体系融资，这使得各领域的运行风险向影子银行体系过度集中，影子银行面临的风险不断上升。

五是流动性错配的结构性风险。金融资源错配，债务风险和融资难并存。一方面我们的流动性很强，"水很多"，但另一方面我们的实体经济、小微企业又严重地"干旱"——融资贵、融资难。企业债务导致金融风险也很高，我国企业债务占GDP的比重在120%~150%之间，超过了国际90%的警戒线。

化解金融风险要标本兼治，全球金融危机的深层次原因是虚拟经济与实体经济失衡，金融与实业严重背离。我们可以看，日本是产业空心化、人口老龄化、房地产泡沫化，日元大幅贬值；美国因为实体经济出现大萧条，导致了2008年金融危机的爆发；做得比较好的是德国，德国之所以好，是因为制造业强大。应对当前金融风险有五条措施：一要加大风险排查，规范信息披露，建立风险监测预警体系和应急机制，防止各种风险叠加，构建风险缓释机制，定点爆破局部和区域风险，及时化解金融风险隐患；二要推进体制改革和金融监管转型，形成有效的市场风险约束机制，强化预期引导，加快建立存款保险制度和有序打破"刚性兑付"；三要建立房地产调控的长效机制，多渠道化解房地产出现拐点所导致的金融风险；四要"开前门、堵后门、修围墙"，规范地方政府举债，强化政府负债和预算的硬约束，防止财政风险向金融风险转化和蔓延；五要防范因企业融资贵引发的实体经济空心化的潜在风险，构建多层次金融体系，积极推进利率市场化改革，改变金融背离实体经济的局面，使其更好地服务于实体经济。

如何看待当前的经济刺激，现在很多省市下半年的经济工作都提出要靠加大投资刺激，有人算了一下大概要 10 万亿元，也有人问我们现在的微刺激和当年的 4 万亿元有什么区别，我觉得有很重要的区别，这个区别是是否发挥民间投资的作用。要通过新一轮改革来引导第四次创业浪潮，壮大企业家阶层。改革开放 30 多年我们产生了三代企业家，有三次创业浪潮，我们现在最重要的是要通过深化改革，释放改革红利，引导第四次创业浪潮。

最后，我简单讲一下如何深化金融改革。首先回顾一下经济改革。经济改革首先是市场主体要有国企、民企、外企，然后推进价格改革。金融改革同样也要使我们的主体多元化，不仅要有国有银行，而且要有外资银行，还要有更多的民营银行。我们讲民间资本的鲶鱼效应，它不仅在经济领域当中得到了体现，加上国企、民企、外企，还要在金融领域得到体现。我觉得民营银行最大的作用就是经济学里面的鲶鱼效应。我有四条建议。

第一，发展"草根金融"和普惠金融，最典型的是互联网金融。现在我们最大的问题是融资贵，我们的融资成本是国际平均水平的 2 ~ 3 倍。民间融资的利息更高，是国际上的 3 ~ 4 倍。融资贵，如果解决得不好会压垮中国的实体经济。互联网金融现在是泥沙俱下、鱼龙混杂，要先发展，后规范，但要防止监管过度，要避免一放就乱、一管就死。

第二，大力发展民营中小银行和城市社区银行。金融体系应该门当户对，大银行有大偏好，现在大银行的信贷操作模式很难适应草根经济"小、散、弱、多，缺少抵押物"的特点。为此，必须构建多层次的银行体系，大力发展面向中小微企业的微型金融。

第三，要构建以天使投资、风险投资、股权投资为主体的多层次股权投资体系。天使投资、风险投资、私募股权投资等股权投资具有要素集成、筛选发现、企业培育、风险分散等功能，通过完善股权投资链体系能够支持企业在不同的成长阶段发展和创新。

第四，完善多层次的正金字塔式资本市场体系，目前我国资本市场主板多，中小板少，创业板少，场外交易更少，与企业需求不相适应。金融改革的重点就是要改变这种形态，要让"倒金字塔"变为"正金字塔"。比如，创造更多的有利条件以鼓励中小企业通过新三板直接融资；大力发展"四板"和"五板"市场，使具有创新能力的优质企业与资本市场对接以缓解融资困局。此外，要规范发展债券市场，让大型企业融资更多地转向发行公司债券。

（来自 2014 年亚布力论坛第二届外滩国际金融峰会）

中国教育的今天意味着经济的明天

文 ｜ 钱颖一 清华大学经济管理学院院长

这次亚布力论坛年会的主题是"新十年、新思维、新力量"，10 年后就是 2020 年，那年也正是中国要建成创新型国家的一年。那么新思维从哪里来呢？原创从哪里来？创新又从哪里来？过去 5 年我在清华经管学院担任院长，这让我有机会从一个经济学家的角度，从一个教育机构管理者的角度对教育与创新的关系有了一些新的思考，今天与各位分享一下心得。

第一个故事是关于中国和美国的。大家是否知道 2011 年《华尔街日报》中有关中美问题最热门的文章是什么？它既不是关于汇率和中美贸易摩擦，也不是关于胡锦涛同志访美，而是 2011 年 1 月 8 日的一篇有关教育的文章，题为"中国母亲为何更胜一筹"。文章讲述一位华裔女教授如何用中国式教育方法在美国教育她的两个女儿，她刚出了一本书叫做《虎妈的战歌》。就在这

篇文章的同一版上是另一篇关于国际学生评估项目的评估结果报告，这个国际项目每3年对世界各地15岁的中学生进行阅读、数学和自然科学三个项目的考试评估。在2010年的评估中，上海市的中学生在三项中均名列全球第一，而美国的中学生阅读排第17名，数学排第31名，自然科学排第23名。可想而知，这两篇文章放在一起给美国人带来的冲击有多大，有点像1957年苏联成功发射第一颗人造卫星时的情形，这篇文章和这本书迅速成为最受美国主流媒体关注和最具争议的话题，"中国虎妈"立刻成为流行词。其实，它所讲述的内容都是我们中国家长教育子女的一般方法，要用功读书不要看电视，不要玩儿电脑游戏；要苦练钢琴和小提琴，不要碰其他乐器等，但是它们都与美国式的教育方式背道而驰。不过，她的大女儿获得了在纽约卡耐基音乐厅演奏钢琴的殊荣。

第二个故事是关于印度的。2009年印度最火爆的电影是《三个傻瓜》，这个电影打破了印度电影的票房纪录。它是一部讽刺印度大学教育制度的喜剧片。印度的教育体制中存在着类似于中国的填鸭式教育的问题，但是这部影片大肆抨击了这种教育体制，公开赞扬不循规蹈矩的学生，它既是娱乐片又具有深度的启发意义。我们不要小看印度的高等教育，2010年有3所世界级商学院院长更换，在三四个月的时间里，哈佛商学院、芝加哥商学院和位于法国的商学院INSEAD（欧洲工商管理学院）都更换了院长，有趣的是新任命的院长都是印度人，而且都是在印度读完本科的印度人。据说哈佛商学院的最后 3 名院长候选人当中有 2 名是印度人。在哈佛商学院的近 200 名教授中，有 20 几位印度教授，但只有 1 位中国教授而且不是终身教授，所以在未来 10 年，由中国人做院长的机会不大。

第三个故事是关于犹太人的。犹太人在全世界只有 2000 万人口，而犹太人获得诺贝尔科学奖的将近 200 人。中国 13 亿人口至今只有 8 位华裔学者获得诺贝尔科学奖，而且他们的获奖工作都不是在中国本土完成的。犹太人在创业上也非常突出，在美国纳斯达克的上市公司中，除了美国以外，上市公司最多的国家就是以色列。犹太文化一是注重家庭，二是注重教育；中国人对教育很重视，投入也很大，但是我们的教育方法与同样重视教育的犹太人有所不同。中国学生回到家里，家长都问："你今天学到了什么新知识？"据说犹太人学生回到家里，家长却问："你今天问了什么好问题？"前者落脚点是学知识，后者侧重点是提问题。

我讲的三个故事都是关于教育的，这对我们应该有所启发。2010 年，中国成为世界第二大经济体，我们迄今为止是以大取胜，我们的教育特点与目前的竞争优势有直接关联，我们的学习能力强，对已有知识掌握快，不仅如此，我们还善于模仿并加以改进，而且有执行力。正因如此，我们成为从开放中受益最大的国家，正是开放把新的知识传播过来，我们则以比其他任何人更快的速度学会了别人的发明和技术，再加上我们的改进，创造了经济高速发展的奇迹。但是，我们在某些方面的优势并不能抵消我们在另一些方面的弱势，我们的弱点也十分明显——我们是靠认真刻苦、时间投入、死记硬背、大量做题、反复练习，来让考试成绩优异，让钢琴演奏熟练，让生产成本降低，但是这些都不能替代创新和创造。我们承认我们仍然大而不强，那么，强从哪里来？是从创造性中来，人的创造性就与教育有直接关联。有人会说创造性不是教出来的，也许是这样，但是不应忘记，错误的教育理念和方法可以把原始的创造性扼杀或者毁灭。我们一直认为去学校就是学知识，教育者的职责就是传授知识，这种理念本身可能就是问题。

创造性从哪里来？我认为有三个基本元素：好奇心、想象力和批判性思维能力。它们都不是指知识本身，都是超越知识本身的。

　　第一是好奇心。几年前有几位诺贝尔物理学奖获得者来到清华与学生座谈，当问起什么是科学家发明最重要的要素时，他们都没有选择勤奋、努力、数学基础，而是不约而同地说是好奇心。正是牛顿对苹果从树上掉下来好奇才有了万有引力的发现，好奇心是推动人类新发现的原始动力。

　　第二是想象力。爱因斯坦说过："想象力比知识更重要，因为知识是局限于我们已经知道和理解的，而想象力覆盖整个世界，包括那些将会知道和理解的。"正是爱因斯坦本人的想象力，也正是乔布斯的想象力，不仅改变了我们对世界的认识，也改变了我们的商业模式。

　　第三是批判性思维能力。批判性思维不是对一切命题的否定，而是用分析性、创造性、建设性的方式对疑问和挑战提出新解释、做出新判断。

　　这三个元素是相互关联的，好奇心是驱动力，推动我们去探寻，依靠想象力拓展四维空间，使探寻超越现实的局限，而批判性思维让我们批判已有的知识，寻找更好的新答案。我们传统的教育文化是考试文化，在这个文化中，这三条不仅是缺乏的而且被认为是有害的。本来，人的本性中就有这三方面的潜能，但是我们的教育文化把它们扼杀了。需要说明的是，这一问题与具体学科无关，无论是文科还是理科，无论是理论还是应用，都是一样的。

　　创新源于好奇心，创新源于想象力，创新源于批判性思维能力。一个人即使学会了人类的全部知识，但若没有好奇心、想象力、批判性思维能力，那他也只能是有知识的人，而不可能是有创造能力的人。同样，若一个国家的教育只是致力于灌输知识，而不注重培养能力，特别是培养好奇心、想象力和批判性思维能力，这个国家就很难进入引领世界的地位。

最后，我要说的是：经济的竞争最终是创新的竞争，创新的竞争最终是人才的竞争，而人才的竞争最终是教育的竞争。

中国教育的今天，就是中国经济的明天。

（来自 2011 年亚布力论坛年会）

放开金融机构准入的限制

文 | **吴晓灵** 清华大学五道口金融学院院长

　　我确实认同企业家是市场经济的灵魂，社会财富的创造依赖企业家的劳动，而且社会财富的创造和丰富能够给所有人带来福祉。在今天这个市场上，金融服务和民间融资是一个很沉重的话题，但是我想借这个机会谈一谈我个人对金融市场发展的一些看法。坚持金融服务实体经济的本质要求，坚持市场配置金融资源的改革导向，都是 2012 年金融工作会议强调的重要原则。价格是引导市场主体行为的重要信号，于是加快推进市场化和加快推进利率市场化都成了市场关注的焦点。我认同利率市场化的改革方向，但改进信贷服务的重点应该是放开市场准入的限制，因此利率市场化的顺序和重点可以进一步讨论。

小金融机构的培育需要利差的保护

我想讲的第一个问题是，中国的利率市场化到底还有多远。其实，中国的利率市场化有它的任务：第一，中央银行还在调控存款利率上限和贷款利率下限，控制了存贷款的利差，中国金融业丰厚的存贷款利差是他们获取利润的重要来源，这也是深受市场批评的一点；第二，金融机构中，对信用社贷款的利率有2.3倍的控制，其他金融机构的贷款利率上限完全放开了；第三，在债券市场利率中，对企业债有"利率不超过储蓄存款利率40%"的限制。我个人认为，控制存贷款利差是目前培育信贷市场、改进信贷服务的条件之一。因为金融配置资源的价格信号是筹资成本，现在在贷款利率上限已经放开，在央行有调控银根自主权的情况下，收紧银根会逼高市场利率，放松银根贷款则会限制利率下浮程度，这对中国经济会有一定的影响，但是中国经济扩张的冲动更大，因而控制利率下限相对于放开上限来说，能够更好地发挥市场配置资源的作用。

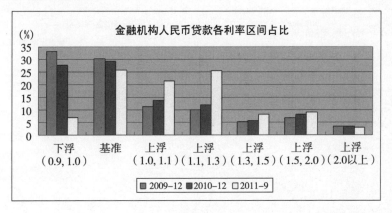

图一

从图一可以看到，在银根比较松的2009年，下浮的数字比较高；而在银根比较紧的2011年，上浮的利率比较高。从配置资源的角度来说，这说明我们的利率上限放开之后，市场对于银根的松紧在贷款利率上有明显表现。从调控银根来说，各国央行是通过吞吐基础货币来控制目标利率及隔夜拆借利率的。目前，中国已经放开银行间的市场利率，我们现在经常拿中国人民银行公布的客户存款利率与国外的利率进行比较。其实，美联储和欧央行公布的利率是政策目标利率，即隔夜拆借利率。图二是政策目标利率和客户利率的表，最粗的线是美国联邦基金利率。这是美国控制的政策目标利率，但是客户利率，特别是贷款利率，还是比较高的，存款利率也是在目标利率之上。

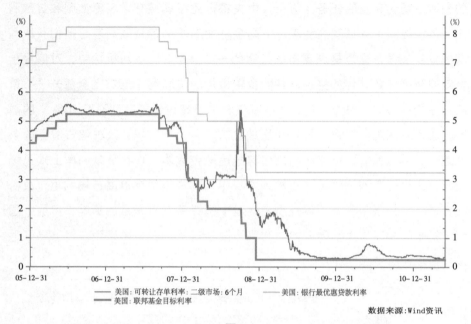

图二

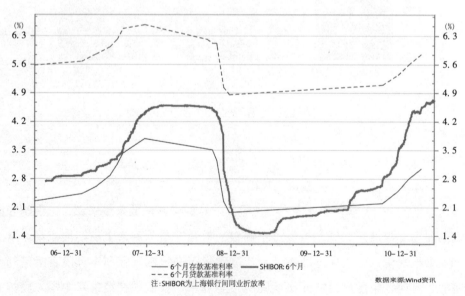

图三

图三是中国的政策目标利率和客户利率。我绘制了 6 个月的贷款利率曲线和 6 个月的存款利率曲线，中间的最粗线是上海银行间的拆借利率。通过这张图大家可以看到，在银根比较紧的时候，银行间的利率会上去，但在银根松的时候，它会下来，特别是在 2008 年、2009 年，当银根极端宽松的时候，银行间的利率甚至低于同期限的存款利率，出现利率倒挂。这说明，我们银行间的市场利率已经能够比较好地反映市场资金的供求情况。那么，在债券市场上，企业债券利率限制已经被债券的期限和品种设计所突破。

表一   **2011 年 11 月 8 日**

期限 各种利率（%）	1 年期	3 年期	5 年期
票据发行利率	5.1800	5.3600	5.3600
存款利率的1.4倍	4.5500	6.6500	7.3500
贷款利率	6.3100	6.4000	6.6500
票据收益率	4.6939	4.7459	4.8032

从表一可以看出，企业债的利率从来没有撞到 1.4 倍同期限利率的上限，而且很多中期票据和长期的一些其他债券因为名字不同，对于企业债券来说，40% 的利率上线其实是可以突破的。

上面，我简单介绍了我们利率市场化的现状，现在我们真正没有市场化的是什么？刚才已经说过，最主要的是控制了存贷款的利差。那么，控制存贷款的利差有什么好处呢？除了平常所说的，由于我们的银行是通过剥离不良资产然后进行财务重组上市而成长起来的，国家在银行改制过程当中，背了很多财务负担，那么在一定时间之内保持银行的存贷款利差，保持银行的一定盈利能力除为了更好地、尽早地偿还过去的历史欠账之外，我们可以看到，小金融机构的缺失是民间借贷盛行的重要原因之一，而小金融机构的培育需要利差的保护。

表二体现的是存贷款利差的趋势，从表中可以看到，在各类中资金融机构中，存款利率水平、贷款利率水平和利差水平高的是哪些机构呢？是农信社和小型金融机构，而它们的盈利水平实际上是不高的；大型金融机构的存

表二   2010 年

	存款利率	贷款利率	利差	资本利润率	资产利润率
由高至低排序	农信社	农信社	农信社	大型	大型
	中型	小型	小型	中型	小型
	小型	中型	中型	小型	中型
	大型	大型	大型	农信社	农信社

款利率水平、贷款利率水平和利差在中资机构里面比较低，但它的盈利能力最强。我列出这张表是想说，我们如果想打破信贷市场上的垄断局面，需要培养更多中小型金融机构，而中小金融机构恰恰在盈利方面比较弱，它们需要在一定利差的保护下才能生存。中国需要社区内服务的小金融机构，存款保险制度的建立有利于保护存款人，但对小金融机构是更严格的市场约束。

所以我们想，如果我们想培育更多小型金融机构，而且在竞争过程中不被淘汰掉，那么在一定的时期之内给予利差的保护有一定的好处。现在，很多人都谈信贷资金紧张，而且很多企业都感到自己缺钱，但是中国缺钱吗？我在多个场合都说过，中国不缺钱，中国的钱很多，很多产品的价格也已经高得离谱，但为什么我们的企业家会感觉到缺钱呢？就是因为中国存在过多的金融压抑。张维迎说的一句话很好——人需要有财产的自主权。我认为，金融业务的很多品种实际上是对客户财产权的一种运用，包括借贷和投资，但是我们对个人借贷和投资的保护不够，而且有很多金融工具在中国没有得到很好的发展。也就是说，我们缺少把有钱人的钱流向那些筹资人的渠道，即我们的金融压抑造成有钱人的钱不能够到达需要用钱的人手里。

最主要的任务是放宽信贷市场准入的门槛

那么，我们现在要解决缺钱的问题，最主要的任务我认为是放宽信贷市场准入的门槛，这是第一。在中国，现在有很多村镇银行，最近国务院提出要加大对小微企业的服务，提出可以让经营好的小贷公司转为村镇银行。但是我认为，如果想让小贷公司变成村镇银行，就应该放宽村镇银行发起人的资格限制，也就是说，不要让它的 20% 的资本金都在银行的控制之下。因为这意味着要将控制权转出去，很多人会不愿意。而且我们也可以看到，如果是负责任的企业家，他能够做好一家小贷公司，那他也能够非常认真地做好一家村镇银行。因此，放宽村镇银行主发起人和大股东的资格限制，这对小金融机构的发展非常重要。

第二，要放宽贷款公司股东资格的限制。现在，银监会有金融牌照的贷款公司，这些贷款公司必须100%由银行控股，社会上的小贷公司可以有社会资本进入，因此它们身份不明，由地方政府监管。我在多个场合说过，小贷公司应该是一个非公众金融机构，因为它没有吸收社会公众的钱，只用股东的钱放贷，到现在已经有4000多家这样的小贷公司了。

第三，我希望鼓励中资机构投资设立融资公司，允许租赁公司吸收大额定期存款和发债融资，因为它们不吸收小客户的钱，可以放开。我们的利率市场化应该是什么样的步骤呢？我想首先应该加大贷款利率下浮的幅度，放开信用社贷款利率的上限，我认为这件事情2012年就可以做；其次，取消贷款利率下限的限制，放开债券利率的限制；最后，放开存款利率的上限。对此，有人可能不太认同，认为现在最亟须放开的是存款利率上限，认为负利率对老百姓的存款是一种剥夺。

我个人认为，现在放开存款利率上限还不是时候，有几点需要考虑。

其一，它受国际利率环境的制约。

其二，如果有存款利率上限的控制，当大家觉得存款不太划算时，其实有利于促进直接金融发展。大家想一下，美国资本市场和美国共同基金的发展原由是什么？就是因为银行存款有上限的控制，而且中国是一个借贷比较多的国家，我们贷款的存量和 M2 的存量都已是 GDP 的两倍，是世界上比例最高的。这样的情况下，我们还想把大量的钱留在银行，让银行放贷吗？我们应该创造更多的金融工具，让金融市场发展起来。其实，银行推出的很多理财产品就是在规避利率的上限，也在给老百姓创造更高的收入，而这些理财产品，如果规范化，它们就是各类证券类投资基金。如果这样来发展，我想能够促进证券市场基金的发展和多种金融产品的发展。

其三，存款负利率不影响资源配置，影响的是收入分配，那么严重通货膨胀的时候应该推行定额保值储蓄。有钱人应该将资产做多种组合，从而获得财产性的收入，而那些没有能力进行资产配置的国家应该对小储户给予利息补贴，保值储蓄已经不可能，因为银行已经实行股份化，因此需要通过财政给小储蓄人一些补贴。比如，一个劳动年龄的人给 10 万块钱保值贴补，我想能够涵盖中国 95% 以上的人群，这是我对当前解决信贷市场服务不足和民间借贷没有得到很好引导的一点意见。

总的来说，我同意利率市场化应该稳步推进，但第一步不是放开存款利率的上限，而是要放开金融机构准入的限制，让更多的市场主体来竞争，因为有竞争的市场才会有合理的价格。

（来自 2012 年亚布力论坛年会）

后 记

亚布力论坛的历史，就是亚布力论坛创造思想的历史。把这些在当时产生巨大影响的思想编辑成册，我们相信，受益的不仅仅是中国企业家，还有大众和体制。从中，我们既可以看出过去 15 年中国商业社会发展的思想脉络，也可以看出中国社会和国家发展的思想脉络。把这些思想的火花摘录于此，我们依然能听到彼时、彼地思想碰撞的铿锵之声。

亚布力论坛是东方的"达沃斯论坛"，策划于 2000 年，诞生于 2001 年，迄今已有 15 年历史，是中国企业家的"思想博览会"，其生逢于中国加入世界贸易组织的前夜和新旧世纪之交。15 年来，它见证了中国企业以及中国企业家群体的茁壮成长，是中国企业家思想的集散地，也是中国企业成长的同路人。

15 年前的冬天，亚布力气温已到 −35℃，出奇之冷，更冷的是中国企业家感受到的加入世贸组织后的巨大国际竞争压力，当时曾有一家颇具影响力的外媒用"墙倒了"作为封面标题，警醒中国企业可能面临的国际化竞争。2001 年的第一届亚布力论坛年会，中国企业家最关心的问题是新生、尚未长大的本土企业如何面对强大的老牌跨国公司的竞争挑战。那时的泰康人寿，一年保费收入不到百亿元；那时的联想，还没有收购 IBM 个人电脑；那时的阿里巴巴，淘宝业务刚刚开始；那时的百度，还是互联网界的小跟班；那时的万科，还在和美国一家叫伯尔尼的地产公司对标。

亚布力论坛是中国企业思想的记录者，也是一部中国企业思想的活字典。回眸这 15 年的年会主题，我们可以清晰地看出中国企业在这 15 年里的思想历程，这些主题既涵盖了中国企业发展的内部问题，也囊括了中国经济的全局性问题，对经济世界里的年度大小问题保持着强大的好奇心和持续的关注力。

2001 年，正值世纪之交，第一届年会将主题确定为"新千年、新经济"；2002 年的主题则为"CEO 与中国企业发展"；其后依次为 2003 年"变革时代的领导力"，2004 年"中国企业成长新动力"，2005 年"探求企业基业长青之道"，2006 年"创新、发展、和谐"，2007 年"企业与社会"，2008 年"改革开放 30 年——中国企业家的展望与思考"，2009 年"大变局时代下的中国企业"，2010 年"亚布力 10 年——企业家思想力"，2011 年"新十年、新思维、新力量"；2012 年，为纪念邓小平南方谈话 20 周年，亚布力论坛将年会主题确定为"市场的力量"，以显示中国企业家感恩市场、感恩改革之心；2013 年，正值中国新领导层的履新，亚布力论坛年会的主题则确定为"改革开新局——企业家精神与中国未来"；2014 年，十八届三中全会将市场的作用由"基础性"改为"决定性"，虽然只有两个字的差别，却根本厘清了市场和政府的关系，因此我们将年会的主题确定为"市场的决定作用——理念与行动"。14 年来的年会主题展示了亚布力论坛关切中国社会并同中国社会同呼吸、共命运的历史。

15 年来，亚布力论坛坚持关注经济事件，探讨经济事件背后的深层原因。在这一进程中，它不仅使自身成为中国企业家群体思想和精神的家园，也帮助企业家成为中国社会进步的一支重要建设力量。

亚布力论坛是中国其他企业家组织的母体。亚布力论坛倡导的企业家精神已在中国社会建设的各个领域发挥了作用。时下最具影响力的企业家环保和公益性组织——阿拉善基金会，其核心成员是来自亚布力论坛的朋友们；中国企业领袖年会和中国企业家俱乐部的中坚，同样是来自亚布力论坛的朋友们；2005 委员会的大部分重要发起人，也来自这一群体；此外，还有类似的数字中国，也是发端于亚布力的林海雪原。所有这些，都反映了中国企业家可以参与到多种多样的社会建设中。这些优秀企业家为国家和民族的新作为与新贡献，都与亚布力论坛有着精神上的联系，以亚布力论坛为母体，形成了独具特色的多样化企业家群体，彼此之间合作发展、同舟共济。

亚布力论坛不仅是商界的精神家园，同时也为商界与学界和政府的深入沟通架设了一座桥梁。亚布力论坛每年的重要会议，如年会、夏季高峰会等，一直是中国重量级经济学界贡献学术智慧的平台，同时也是政府官员特别是经济领域的政府官员了解企业、了解市场以增进决策科学性的重要平台，商、学、官在亚布力论坛的平台上彼此学习、互相切磋，为中国经济的进步做出更大的贡献。

在15年深耕于中国企业、中国经济的过程中，亚布力论坛也逐步确立了自己的理念：倡导企业家精神！财富创造的历史是企业不断破坏性创新的历史，而企业家是创新的灵魂，财富创造的历史亦势必是不断释放企业家精神的历史。不断释放的企业家精神是中国过去30多年经济进步的重要动力之一，也是未来经济进步重要的正能量。事实上，每一个社会都有既定的模式和规范，率先意识到某些模式和规范落后了，并重新组织要素，创造出新的模式和规范，就是企业家精神。正是对企业家精神的大力弘扬和传播，亚布力论坛才得以为中国社会贡献越来越多的正能量。

15年过去了，中国成长为世界第二大经济体。在新的时点上，我们又一次需要驻足远望。如同爬山，雄心壮志引导我们眺望另一座高峰。对于当下的创业企业家，下一座高峰在哪里？这值得亚布力论坛思索，因为这不仅关系到中国企业的未来，也关系到中国的未来。

过去的15年，是中国企业在中国市场发展壮大的15年；未来的15年乃至更长的时间，是中国企业在中国市场继续发展壮大的时代，但也必须是中国先进企业成长为全球化企业的时代。相对于在中国继续做大规模，更加具有挑战性的、更加困难的、决定企业未来竞争地位的是中国企业的国际化水平。中国企业的国际化程度不是指海外销售额、投资额、资产规模等超过中国市场，而是指企业运作的资源范围，企业领导者的知识、经历及决策眼界，企业人才来源的多元化程度以及企业影响力在世界市场不同区位的存在。亚布力论坛也将积极、深刻地参与到中国企业国际化的这一新的历史进程中。

亚布力论坛企业家群体是中国企业家团队的缩影，更是中国企业发展的先行部队。以自我警醒的心态回望这个群体，与国际同行比较，中国企业绝大多数处于"一长一短"的状态：长于中国市场竞争力，短于国际化竞争力。这种状态短期可以维持，长期必难坚持。缺乏国际化运作能力的大企业，也许就如同冷兵器时代的"成吉思汗们"，巨大的辉煌可能意味着失败的起点。

亚布力论坛将警醒更多的企业参与到这一新的历史进程中，不仅在本土市场，也在国际市场上发扬中国的企业家精神，为中国经济，也为世界经济贡献更多的正能量。

当然，这一目标的成功实现离不开众多企业家、学者长期以来的积极参与，也离不开一些品牌理念与亚布力论坛相契合的企业的支持。比如芙蓉王文化，在公众眼中，芙蓉王一直是一个低调、不事张扬的品牌。但就在这种低调中，多年的潜心运作让芙蓉王顺利成为烟草行业中式卷烟的代表品牌。用心聆听、厚积薄发，这或许就是企业乃至个人成功的关键。"传递价值，成就你我"，芙蓉王的品牌理念强调价值的传递与成就的共享，这与亚布力论坛的宗旨"让企业有思想，让思想能流传"不谋而合，也与企业家们发扬与传承企业家精神的希望和努力相契合。在此，感谢芙蓉王文化愿意与我们一起，成为中国企业家思想的传递者。